Inhalt

In der Schule

Sibusio aus Südafrika

Sibusio ist elf Jahre alt. Er lebt in der Nähe von Richmond,
das ist eine Stadt in Südafrika. Zur Schule geht er
jeden Tag zu Fuß.
Der Weg dauert über eine Stunde, denn Sibusios Schule
5 liegt in großer Distanz* zu seinem Wohnhaus.
Acht Kilometer ist die Schule entfernt.
Doch Sibusio macht das gar nichts aus, denn auf halbem
Weg trifft er seine Freunde, und sie gehen zusammen.
Ein Stück müssen die Kinder auf der Straße laufen,
10 das ist wegen der Autos sehr gefährlich. Zur Sicherheit
gehen deshalb alle im Gänsemarsch am Straßenrand.
In Sibusios Klasse lernen 23 Kinder zusammen.
Sibusio mag besonders gerne Mathematik. Er will
ein guter Schüler sein, damit er später Pilot werden kann.

Nach UNICEF   *Entfernung

1 Was wird mit dem Wort **Richmond** bezeichnet?
Markiere die Erklärung im Text.

 2 Sibusios Schule liegt in großer Distanz
zu seinem Wohnhaus (Zeile 5).
Was bedeutet **Distanz**?
Kreuze die richtige Erklärung an.

 Nähe   Entfernung   Tanzsaal

 3 Sibusio und seine Freunde gehen
auf der Straße im Gänsemarsch.
Finde die Bedeutung von **Gänsemarsch**
heraus.
Erkläre das Wort durch eine Zeichnung.

● bei Verständnisschwierigkeiten Verstehenshilfen anwenden:
nachfragen, Wörter nachschlagen, Text zerlegen – **Basis**

LF S.9

Martin begegnet einem Außerirdischen

Martin ist Torhüter in einer Eishockey-Mannschaft. Nach dem Training findet er seine Sporttasche nicht. Deshalb macht er sich mit seiner Ausrüstung auf den Heimweg. Da trifft er Gufidaun. Der Außerirdische möchte Martin begleiten.

„Ich kann dich nicht mitnehmen", erklärt Martin schließlich, „ich darf keine Fremden nach Hause mitbringen. Eigentlich darf ich noch nicht mal mit dir reden. Und bei uns ist auch kein Platz für so einen Dicken wie dich." Gufidaun stutzt. „Bin dickig?", fragt er verständnislos. Dann kommen ihm

5 die Tränen. „Bin doch nicht dickig? Bin wie du."
Er tut Martin jetzt leid. Aber dass Gufidaun denkt, er sehe aus wie er, bringt ihn zum Lachen. „Na, dann komm mit. Du wirst schon sehen, dass wir ganz und gar nicht gleich aussehen."
Der Bus ist zum Glück ziemlich leer. Nur ein Betrunkener ruft ihnen zu:

10 „Hey, ihr dickes doppeltes Lottchen. Wie viele gibt es denn von euch?"
Aber da hält der Bus schon an ihrer Haltestelle. Sie zwängen sich durch die Türen und hören nicht, was der Betrunkene noch lallt*. Martin stapft voraus auf sein Haus zu, Gufidaun hopst wie ein Gummiball hinter ihm her.

Bruno Blume   *undeutlich sprechen

---

1 Martin muss als Torhüter Pucks abwehren. Was sind **Pucks**?
Schlage das Wort nach. Kreuze den richtigen Satz an.

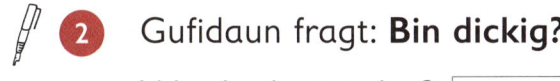

☐ Ein Puck ist ein kleiner Ball aus Hartgummi.

☐ Ein Puck ist eine flache Kunststoffscheibe.

☐ Ein Puck ist ein Eishockey-Schläger.

2 Gufidaun fragt: **Bin dickig?**

Was bedeutet das? [   ]

3 Gufidaun stutzt (Zeile 4). Im Wörterbuch gibt es für **stutzen**
zwei Bedeutungen. Was trifft für den Satz in Zeile 4 zu?

☐ erstaunt blicken   ☐ etwas kurz schneiden

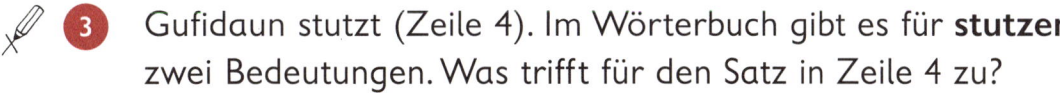

4 Was bedeutet **lallen**? Markiere die Erklärung.

Ein Guckloch vorbereiten

1 Schreibe die folgenden Informationen auf.

Titel des Buchs:

Autor/Autorin:

Verlag:

Erster Satz des Buchs:

Letzter Satz des Buchs:

2 Zeichne eine kleine Skizze für das Bild zu dem Buch in den Kreis. Schreibe einen erklärenden Satz dazu.

3 Suche deine Lieblingsstelle. Übe, sie gut vorzulesen.

Notiere die Seite. Seite:

4 Schreibe deine Meinung über das Buch auf.

Ich finde das Buch   *, weil*

.

So fangen Bücher an

Zauberhafte Miss Wiss

Die meisten Lehrer sind komisch, da waren die Lehrer der Sankt-Barnabas-Schule keine Ausnahme. Aber keiner von ihnen war auch nur annähernd so komisch wie die neue Lehrerin der dritten Klasse – nicht Mr Gilbert, der Direktor, der immer in der Nase bohrte; nicht Mrs Hicks, die im Unterricht mit ihren Teddybären redete; noch nicht mal Miss Gomez, die heimlich auf der Toilette rauchte. Einige Kinder der dritten Klasse hielten die neue Lehrerin für eine Hexe. Andere meinten, sie sei so etwas Ähnliches wie ein Hippie. Und wieder andere hielten sie einfach für ein bisschen verrückt. Aber alle waren sich einig, dass sie so eine Lehrerin noch nie gehabt hatten. Und das ist ihre Geschichte. Ich bin gespannt, was *ihr* dazu sagt ...

Terence Blacker

Raubritter Rocko und die rostige Rüstung

Raubritter Rocko saß auf der Treppe zum Burghof und seufzte. Er langweilte sich. Dieser Winter war einfach zu lang. Er hörte überhaupt nicht mehr auf. Es war Anfang April und noch immer lag überall Schnee. Der Winter ist keine gute Jahreszeit für Raubritter. Denn sie können niemanden ausrauben, wenn die Straßen glatt sind. Raubritterpferde haben nämlich keine Winterhufeisen. Die sind viel zu teuer. Raubritter können im Winter auch keine Dörfer plündern und in Brand stecken. Wenn sie eine Fackel auf eine Hütte werfen, zischt es kurz und schon hat der Schnee auf dem Dach das Feuer gelöscht.

Jochen Till

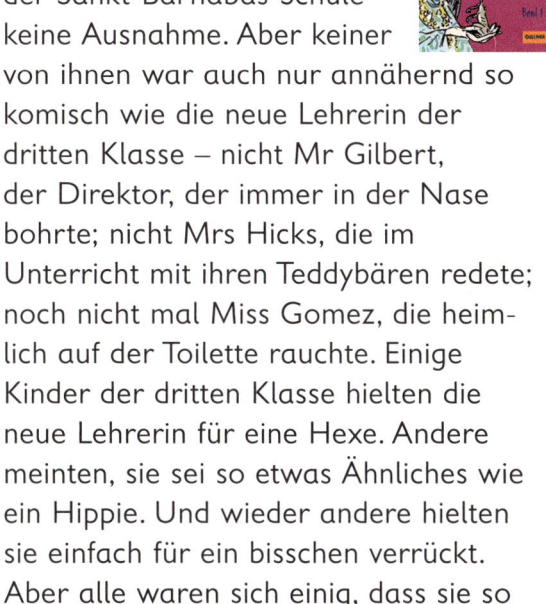

 1 Welcher der beiden Buchanfänge gefällt dir besonders? Male den Rahmen farbig. Markiere den Namen von Autor/Autorin.

 2 Warum gefällt dir dieser Buchanfang? Ergänze.

Der Anfang dieses Buches gefällt mir, weil

.

 3 Übe den Buchanfang mehrmals, bis du ihn einem Partnerkind flüssig vorlesen kannst. Hier kann dein Partnerkind aufschreiben, was dir gut gelungen ist.

Im Herbst

Erstaunliches über Äpfel

1 Kleinster Apfel der Welt

Japanische Ebereschen tragen an ihren langen Stielen Früchte,
die wie Äpfel aussehen und nicht viel größer als Heidelbeeren sind.

2 Längste Apfelschale der Welt

Nach fast zwölf Stunden Arbeit hat ein Mädchen 1972 in Amerika
die längste Apfelschale der Welt geschält. Für die 55 Meter
lange Schale verwendete sie einen außerordentlich großen Apfel.

3 Äpfel, die keine Äpfel sind

Manches wird Apfel genannt, obwohl es überhaupt nicht um diese Frucht
geht. Ein Erdapfel ist zum Beispiel eine Kartoffel und ein Paradiesapfel
ist eine Tomate. Und bei einem Pferdeapfel handelt es sich um Pferdekot.

1 Lies zuerst die rot gedruckten Fragen bei Aufgabe 2.
In welchem Textabschnitt vermutest du die Antwort?
Schaue dann auf die Überschriften.
Trage den passenden Abschnitt ein.

2 Suche schließlich die Antworten
in den passenden Textabschnitten.   Abschnitt

• Was ist ein Paradiesapfel?
Male die richtige Frucht aus.

• Wie heißen die Bäume, die die kleinsten Äpfel der Welt tragen?

Die Bäume heißen _____ .

• Wie lang ist die längste Apfelschale, die jemals geschält wurde?

505 Meter   55 Zentimeter   55 Meter

Der fliegende Robert

1 Wenn der Regen niederbraust,
wenn der Sturm das Feld durchsaust,
bleiben Mädchen oder Buben
hübsch daheim in ihren Stuben.
Robert aber dachte: „Nein!
Das muss draußen herrlich sein!"
Und im Felde patschet er
mit dem Regenschirm umher.

2 Hui! Wie pfeift der Wind und keucht,
dass der Baum sich niederbeugt!
Seht! Den Schirm erfasst der Wind,
und der Robert fliegt geschwind
durch die Luft so hoch, so weit.
Niemand hört ihn, wenn er schreit.
An die Wolken stößt er schon
und der Hut fliegt auch davon.

3 Schirm und Robert fliegen dort
durch die Wolken immerfort.
Und der Hut fliegt weit voran,
stößt zuletzt am Himmel an.
Wo der Wind sie hingetragen,
ja, das weiß kein Mensch zu sagen.

Heinrich Hoffmann

 1 In welchem Abschnitt beginnt Robert zu fliegen?
Orientiere dich an den Bildern. Die Antwort finde ich in Abschnitt _____.

2 Was passiert mit Roberts Hut? Überfliege zuerst den Text und markiere
das Wort. Lies dann genau und notiere die Antwort.

.

 3 Wohin hat der Wind Robert getragen? Lies im Text nach und kreuze an.

☐ zum Meer   ☐ nach Hause   ☐ weiß niemand

Der Wind

Ich bin der Wind |
| und komm geschwind. ||
Ich wehe durch den Wald,
dass weit es widerhallt.
Bald säusle* ich gelind
und bin ein sanftes Kind;
bald braus ich wie ein Mann,
den niemand fesseln kann.
Schließt Tür und Fenster zu,
sonst habt ihr keine Ruh!
Ich bin der Wind
und komm geschwind.

Franz von Pocci

*leise sprechen

1 Lies das Gedicht leise. Kläre Wörter, die du nicht verstanden hast.

2 Mache sinnvolle Pausen beim Lesen. Notiere Pausenzeichen:
am Zeilenende |, am Satzende ||.

3 Wie spricht der Wind in dem Gedicht?
Unterstreiche mit einem dünnen Stift, wenn der Wind leise spricht.
Unterstreiche mit einem dicken Stift, wenn der Wind laut spricht.

4 Wie möchtest du das Gedicht vortragen? Kreuze an.

   ☐ wütend   ☐ freundlich   ☐ _____

5 Lies das Gedicht, bis du es gut kannst. Nutze deine Markierungen als Hilfe.

6 Trage das Gedicht einem Partnerkind vor. Was ist dir gut gelungen?

_____

_____

Geschichten für die Halloween-Party

*Zu einer Halloween-Party gehören seltsame Geschichten.
Wie wäre es mit Geschichten von Käpt'n Blaubär,
dem alten Seebären? Aber aufgepasst: Eine der Geschichten
ist geflunkert. Findest du heraus, welche?*

Die Wasserpest

„Ich lag mal mit meinem Schiff vor
Madagaskar vor Anker und hatte die
Wasserpest an Bord", berichtet Käpt'n
Blaubär. „Ja, da war ich wirklich
schwer krank. Am ganzen Körper
hatte ich grüne Flecken und musste
mich ständig überall kratzen.
Wasserpest juckt nämlich fürchterlich
und ist eine gefährliche Krankheit.
Aber nach zwei Wochen war ich
wieder gesund. So ein Glück!"

GELOGEN! Wasserpest ist eine Pflanze
und keine Krankheit.

Das juckende Bein

„Ich kannte mal einen Seemann, der
hatte nur noch ein Bein. Das andere
hatte er bei einem Schiffsunglück
verloren. Doch ob ihr es glaubt oder
nicht, regelmäßig juckte und
schmerzte das Bein, das nicht mehr
da war. Das war schlimm für den
Seemann, denn an Holzbeinen kann
man sich nicht kratzen."

WAHR! Man nennt dieses Gefühl
„Phantomschmerzen".

Bernd Flesser

 1 Wähle die Geschichte aus, die dir am besten gefällt.
Male den Rahmen farbig.

2 Bereite die Geschichte zum Vorlesen vor:
Probiere aus, wie du als „alter Seebär" sprechen musst.
Übe schwierige Wörter, bis du sie flüssig lesen kannst.
Setze Pausenzeichen an passenden Stellen (I oder II).

3 Lies die Geschichte einem Partnerkind vor, wenn du ausreichend geübt
hast. Schätzt beide deinen Lesevortrag ein.

	So schätze ich meinen Vortrag ein	So schätzt mein Partnerkind meinen Vortrag ein
flüssiger Vortrag	☆ ☆ ☆	☆ ☆ ☆
passende Betonung	☆ ☆ ☆	☆ ☆ ☆
passende Pausen	☆ ☆ ☆	☆ ☆ ☆

Miteinander leben

Sonnenschein

„Hilfe, wo ist denn die Pfanne?", singt Maslief.
„Liegt die in der Regentanne?", brummt Opa.
„Nee – in unsrer Badewanne." Maslief muss lachen.
„In der Badewanne?", sagt sie und kichert.
„Was machste denn mit der Bratpfanne in der Badewanne?"
„Es braucht ja nicht richtig wahr zu sein", sagt Opa.
„Hauptsache, man kann drüber lachen."

Er hat inzwischen die Bratpfanne aus dem Schrank geholt.
Maslief stellt sie aufs Feuer. „Jetzt muss Speck rein", sagt sie.
„Hilfe, wo ist denn der Speck?", singt Opa.
„Hängt der wohl am hohen Reck?"
„Oder sitzt er im Versteck?"
„Nee – da läuft er um die Eck." Opa guckt sich um.
„Um welche Ecke denn?", brummt er.
„Der Speck läuft um die Ecke?"
„Hauptsache, man kann drüber lachen",
sagt Maslief.
„Jaja", sagt Opa. „Haha!"

Guus Kuijer

1 Maslief und ihr Opa kochen gemeinsam. Wie fühlen sie sich dabei?
Kreise passende Wörter ein.

zufrieden   gelangweilt   wohl   genervt

unverstanden   verängstigt   glücklich

2 Maslief und ihr Opa erfinden lustige Reime. Zweimal steht im Text
ein Satz, an dem du erkennst, warum sie das tun. Markiere den Satz.

 3 Schreibe in die Denkblase, was Maslief wohl über ihren Opa denkt.

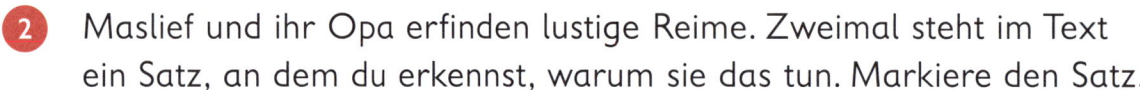

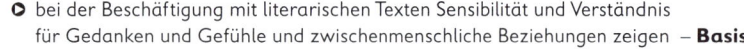

○ bei der Beschäftigung mit literarischen Texten Sensibilität und Verständnis
für Gedanken und Gefühle und zwischenmenschliche Beziehungen zeigen – **Basis**   **LF** S.46

Die neue Omi

Vor ein paar Tagen hat die neue Omi alle Herdplatten aufgedreht.
Aber nicht um zu kochen, sondern um sich die Hände zu wärmen.
Seither klebt in der Küche ein großes Schild, auf dem steht:
„Omi, bitte nicht den Herd aufdrehen!"
Und die Mama macht ein besorgtes Gesicht und sagt ständig:
„Wir müssen alle ein Auge auf die Omi haben, Fini."

Heute bin ich an der Reihe, um ein Auge auf die Omi zu haben.
Wir trinken zusammen Kakao, und dann lese ich der Omi
Hexengeschichten vor. Die Omi lacht vergnügt, aber irgendwann
macht sie die Augen zu und beginnt zu schnarchen.
Also gehe ich in mein Zimmer und ordne meine Buntstifte.

„Fini!", höre ich plötzlich die Mama rufen. „Fini, wo steckst du?"
Als ich in die Küche komme, liegt die Oma breitbeinig und
schnarchend unter dem Esstisch.
„Ich war nur kurz in meinem Zimmer", verteidige ich mich.
Aber die Mama ist ärgerlich. „Ich dachte, ich kann mich auf dich verlassen,
Fini! Wir haben doch abgemacht, dass wir alle zusammen helfen!"
Die Omi schlägt die Augen auf und kichert.
„Was soll daran lustig sein?", fahre ich sie an. Und dann zu Mama:
„Wieso muss eigentlich ich auf die Omi aufpassen?
Soll sie doch selber auf sich aufpassen!"

Elisabeth Steinkellner

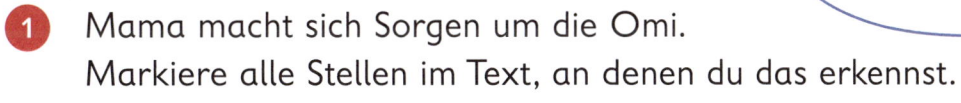

1   Mama macht sich Sorgen um die Omi.
Markiere alle Stellen im Text, an denen du das erkennst.

 2   Lies den 2. Abschnitt. Was denkt Fini wohl? Ergänze die Denkblase.

 3   Wie ist Fini zumute, als die Mama mit ihr schimpft? Kreuze an.

     ☐ Fini ist beleidigt.

     ☐ Fini fühlt sich ungerecht behandelt.

     ☐ Fini fühlt sich unverstanden.

Olli wird großer Bruder

Olli ist der Allerliebste und der Allerbeste.
Er ist der Einzige!
Das sagen Mama und Papa immer.
Heute sagen sie es nicht mehr. Heute ist alles anders.
5 Das fängt schon damit an, dass Mama auf dem Sofa liegt
und etwas ruft. Sonst liegt sie nie und ruft nur selten.
Heute ruft sie: „Klappt es?"

Papa antwortet nicht. Er hat sich mit dem Hammer
auf den Finger gehauen, als er das Babybett aufbauen wollte.
10 Jetzt hockt er auf dem Boden und hat den Finger im Mund.
Bestimmt hat der Schmerz ihn so durcheinandergebracht.

Olli legt Papa die Hand auf den Nacken.
„Aargh!" Papa fährt hoch. „Was war das?"
„Meine Hand", sagt Olli. „Ich wollte dich nur streicheln.
15 Mit meiner Zauberhand. Damit der Schmerz weggeht!"
Papa grunzt. „Mir wäre lieber, du könntest mit deiner Zauberhand
dieses verflixte Babybett zusammenbauen!"

Hilke Rosenboom

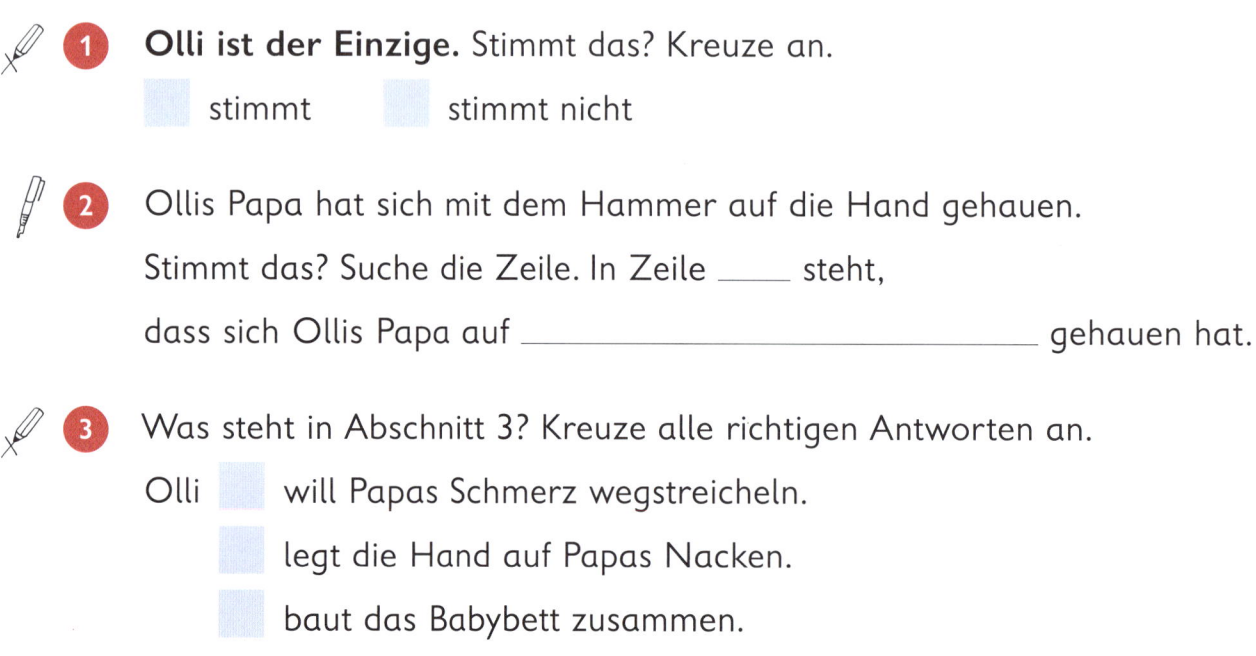

1 **Olli ist der Einzige.** Stimmt das? Kreuze an.

☐ stimmt   ☐ stimmt nicht

2 Ollis Papa hat sich mit dem Hammer auf die Hand gehauen.

Stimmt das? Suche die Zeile. In Zeile _____ steht,

dass sich Ollis Papa auf _____ gehauen hat.

3 Was steht in Abschnitt 3? Kreuze alle richtigen Antworten an.

Olli ☐ will Papas Schmerz wegstreicheln.

☐ legt die Hand auf Papas Nacken.

☐ baut das Babybett zusammen.

Ein Zuhörer für Tims Probleme

Tim, seine Eltern und seine vier Brüder besuchen jedes Wochenende die Großeltern.

Eines Samstags erzählte ich Opa von meinem Problem.
„Ich habe ein Problem, Opa", sagte ich. „Und das wäre, Bootsmann?"
Opa nennt mich Bootsmann, das heißt so viel wie zweiter Kommandant.
„Mein Problem betrifft … Probleme. Ich habe keinen, dem ich von
5 meinen Problemen erzählen kann. Mama und Papa haben nie Zeit."
„Das ist wirklich ein Problem", sagte Opa.
„Jeder braucht jemanden, mit dem er reden kann."
„Deshalb dachte ich, du könntest vielleicht mein Jemand sein."
„Verstehe. Du glaubst also, ich habe jede Menge Zeit,
10 mir deine Probleme anzuhören." „Das glaube ich."
„Gut, Bootsmann, ich mach dir einen Vorschlag. Ich höre mir
deine Trauergeschichten an, wenn du dir meine anhörst."
Das klang nur gerecht, also hielt ich ihm meine Hand hin.
„Abgemacht." Opa schüttelte mir die Hand. „Aber immer nur
15 eine Geschichte pro Woche. Das reicht mir." „Eine Geschichte pro Woche."
„Und wenn es nur um kleine Probleme geht, musst du ein bisschen
übertreiben, damit die Sache spannend bleibt." „Okay, Opa."

Eoin Colfer

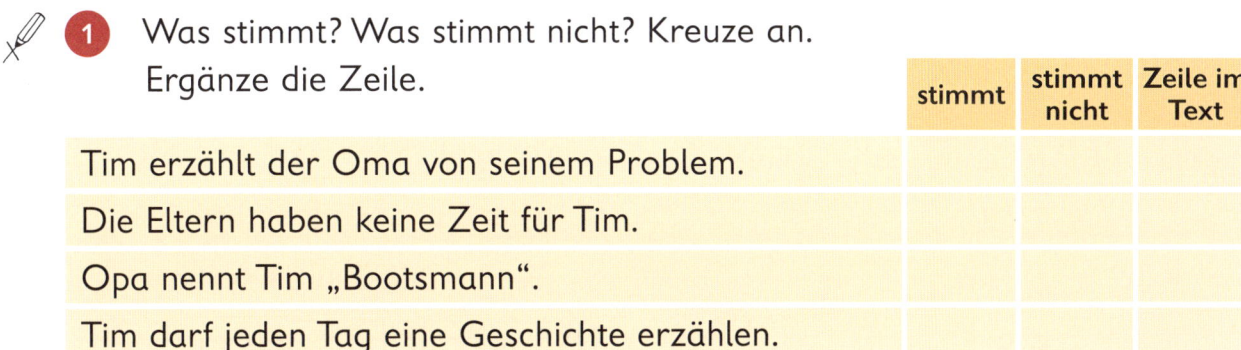

✏ **1** Was stimmt? Was stimmt nicht? Kreuze an.
Ergänze die Zeile.

	stimmt	stimmt nicht	Zeile im Text
Tim erzählt der Oma von seinem Problem.			
Die Eltern haben keine Zeit für Tim.			
Opa nennt Tim „Bootsmann".			
Tim darf jeden Tag eine Geschichte erzählen.			

✏ **2** Tim erzählt von seinem Problem an einem

☐ Montag.   ☐ Sonntag.   ☐ Sonnabend.

✒ **3** In welchen Zeilen steht der Vorschlag des Opas?
in Zeile _____ und in Zeile _____

Märchenzeit

Kleiner Test für Märchen-Experten

1. Wie beginnen Märchen meistens?

R Es ist einmal …

(S) Es war einmal …

T Es wird einmal …

2. Wo spielen Märchen?

N meistens in der Stadt Berlin

O immer an einem Fluss oder einem Meer

P irgendwo in der weiten Welt

3. Welche Zahlen spielen im Märchen oft eine Rolle?

I 3, 7, 12

K 1, 4, 11

L 7, 8, 9

4. Wie gehen Märchen meistens aus?

C Das Böse siegt immer.

D Das Gute wird bestraft.

E Das Gute wird belohnt.

5. Welche Eigenschaften passen zu Schneewittchen und der Stiefmutter?

F arm und reich

G gut und böse

H gesund und krank

6. Welcher Gegenstand gehört in das Märchen von Schneewittchen?

E Spiegel

F Spargel

G Spinne

7. Was gibt es im Märchen oft?

K Witze und Zaubersprüche

L Reime und Zaubersprüche

M Lieder und Zaubersprüche

---

1 Lies jede Frage. Markiere den Buchstaben vor der richtigen Antwort.

2 Ergänze das Lösungswort.

Lösungswort: S _ _ _ _ _ _

Fünf-Sätze-Märchen aus der Küche

Drei Dinge aus der Küche:
Kühlschrank, Pfanne, Löffel

Drei Märchenfiguren:
König, Prinzessin, Frosch

Neue Märchenfiguren:

1 Bilde aus den Dingen und den Figuren neue Märchenfiguren,
z.B. die Löffelprinzessin. Schreibe drei neue Märchenfiguren
auf den Merkzettel.

2 Schreibe ein Fünf-Sätze-Märchen nach der Anleitung.

Anleitung
Der 1. Satz beginnt mit „Es war einmal" und stellt deine Hauptfigur vor.
Im 2. Satz nennst du die Lieblingsbeschäftigung der Hauptfigur.
Im 3. Satz kommt Besuch. Wähle eine zweite Figur aus.
Im 4. Satz bringt der Besuch ein Geschenk mit.
Was passiert im 5. Satz? Das Märchen geht zu Ende.

Die drei Wünsche

Es waren einmal ein Mann und eine Frau,
die hatten drei Wünsche frei.
Weil sie aber Angst hatten, sich etwas Falsches zu wünschen,
überlegten sie hin und her und konnten sich nicht entscheiden.

An einem schönen Tag, als die Frau die Kartoffeln
auf den Tisch stellte, murmelte sie:
„Ach, wenn doch ein Würstchen drauf liegen würde."
Sie hatte es kaum ausgesprochen,
da ging ihr Wunsch schon in Erfüllung.

Als der Mann das sah, wurde er böse, weil die Frau
so einen dummen Wunsch getan hatte,
und sagte voller Zorn: „Wenn dir das Würstchen
doch an der Nase hängen würde!"
Kaum hatte er es ausgesprochen, hing das Würstchen dort.

Was konnten sie jetzt noch tun?
Sollte die Frau nicht für den Rest des Lebens
mit einem Würstchen an der Nase herumlaufen,
mussten sie es wegwünschen.
Das taten sie auch. Damit waren ihre drei Wünsche
getan und sie waren genauso arm dran wie vorher.

Elsässisches Märchen

1. Lies den Text. Markiere mit zwei Farben, was die Frau spricht
   und was der Mann spricht.

2. Unterstreiche die Wörter, die erklären, wie die beiden sprechen.

3. Überlege, wie du den Mann und die Frau sprechen möchtest
   (z.B. laut, leise, zornig…). Lies den Text mehrmals halblaut vor.

4. Suche dir nun ein Partnerkind. Lies ihm den Text vor.
   Dein Partnerkind sagt dir, was dir gut gelungen ist.

Am Schneesee

Fee: Guten Tag, beste Heckenhexe mit den Hackenhaxen!

Hexe: Guten Tag, nette Schnee|see|klee|reh|fee mit den sechsundsechzig
        Zehen! Doch was seh ich: Du humpelst? Was hast du denn?

Fee: Schneeseekleerehfeezehweh!

Hexe: Gehzehweh oder Drehzehweh?

Fee: Drehzehweh!

Hexe: Dann ist es nicht so schlimm.
        Gehzehweh ist zäh und hält sich,
        doch Drehzehweh kommt und vergeht jäh –
        und wodurch vergeht es?
        Natürlich durch der Heckenhexe herrlichsten Tee,
        den hellgelben Schnee-see-klee-reh-fee-dreh-zeh-weh-tee!
        Und solchen hellgelben Schneeseekleerehfeedrehzehwehtee
        werde ich dir jetzt brauen.

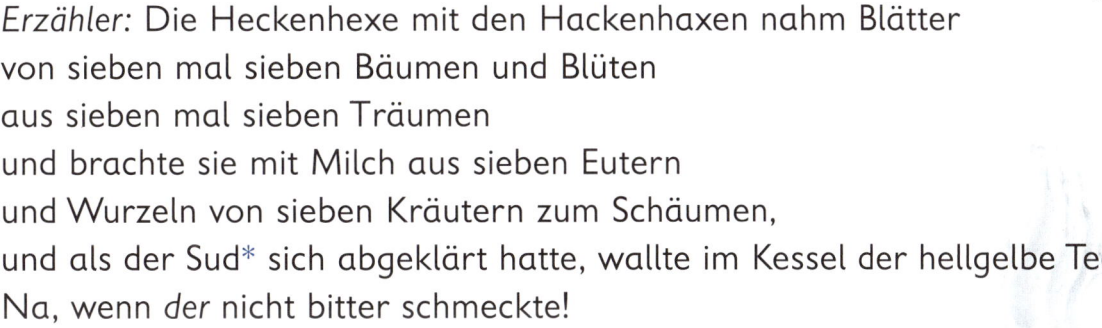

Erzähler: Die Heckenhexe mit den Hackenhaxen nahm Blätter
von sieben mal sieben Bäumen und Blüten
aus sieben mal sieben Träumen
und brachte sie mit Milch aus sieben Eutern
und Wurzeln von sieben Kräutern zum Schäumen,
und als der Sud* sich abgeklärt hatte, wallte im Kessel der hellgelbe Tee.
Na, wenn *der* nicht bitter schmeckte!

Franz Fühmann

*Aufguss

---

1 Wähle eine Rolle aus. Markiere alles, was du sagst.

2 Übe zuerst die schwierigen Wörter. Du kannst
      • Silbenbögen unter die Wörter setzen,   Schneeseekleerehfee
      • die Wörter mit Strichen gliedern
        oder   Schnee|see|klee|reh|fee
      • jedes zweite Einzelwort farbig markieren. Schneeseekleerehfee

3 Lies deinen Text mehrmals.

4 Suche dir zwei Partnerkinder. Lest den Text mit verteilten Rollen.

Im Winter

Das sind ja beides Gedichte!

1 Der Winter

Die Pelzkappe voll mit schneeigen Tupfen,
behäng ich die Bäume mit hellem Kristall.
Ich bringe die Weihnacht und den Schnupfen,
Sylvester* und Halsweh und Karneval.
Ich komme mit Schlitten aus Nord und Nord-Ost.
– Gestatten Sie: Winter. Mit Vornamen: Frost.

Mascha Kaléko   *korrekte Schreibung: Silvester

2 Wintermorgen

Was schenkt dir
die Stadt
an einem Wintermorgen?
Einen Baum,
der ein Gesicht macht.
Spuren von Tauben im Schnee,
die enden,
wo die Vögel aufflogen.
Und wenn du Glück hast:
die Anfangsbuchstaben
deines Namens
in Kinderschrift
an einer Hauswand.

Paul Maar

1 Welches Gedicht reimt sich?
Markiere.
Gedicht 1   Gedicht 2

2 Um welches Thema geht es in **beiden** Gedichten? Kreise ein.
Es geht um   den Winter.   die Kälte.   den Schnupfen.

3 Untersuche das Thema näher. Prüfe die Aussagen. Kreuze an.

Gedicht 1 beschreibt den Winter

☐ an einem kalten Morgen.

☐ mit seinen Besonderheiten.

☐ am letzten Tag des Jahres.

Gedicht 2 beschreibt den Winter

☐ an einem kalten Morgen.

☐ mit seinen Besonderheiten.

☐ am letzten Tag des Jahres.

1 Raureif

Es kam zu uns ein stiller Herr,
der liebe Herr November.
War mancher da,
der lauter war,
den froher wir begrüßten.
Wir hatten ihm nichts zugetraut,
dem stillen Herrn November,
da zeigte sich, er konnte was,
er konnte das Verzaubern.
Er machte jeden Halm, den Wald,
den Stacheldraht, die Zäune,
er machte uns
die ganze Welt
zu einem Raureif-Märchen.

Josef Guggenmos

2 Winterliche Kristalle

Man findet Raureif auf Grashalmen,
Zweigen oder Zäunen. Wenn die
Temperatur unter - 8 Grad Celsius
absinkt, die Luftfeuchtigkeit sehr hoch ist
und Wind geht, kann sich Raureif mit
seinen wunderschönen Kristallen bilden.
Die Kristalle des Raureifes sind spitz
und nadelförmig. Raureif wächst immer
dem Wind entgegen. Er kann jedoch
nur entstehen, wenn der Wind nicht
zu stark bläst, da sonst die zarten
Kristalle brechen würden.
Wenn die feuchte Luft über dem
Erdboden stark abkühlt, kann sich
eine dünne Eisschicht bilden.
Diese Eisschicht wird Reif genannt.

1 Um welches Thema geht es in beiden Texten?

Das Thema in beiden Texten ist [   ].

2 Untersuche die Textart jedes Textes.
Setze das richtige Wort ein.

Sachtext   Gedicht

Text **1** erzählt kunstvoll in Versen, wie der Raureif die Welt verzaubert.

Text **1** ist ein [   ].

Text **2** informiert darüber, wie Raureif entsteht.

Text **2** ist ein [   ].

3 Suche in beiden Texten eine Information zum Raureif, die gleich ist.

Der Esel und das Eis

Es war einmal ein müder Esel, der vermeinte,
nicht mehr zum Stall gehen zu können.
Es war Winter und sehr kalt; alle Straßen waren vereist.
„Ich bleibe hier", sagte der Esel und ließ sich
zu Boden fallen.
Ein kleiner, hungriger Spatz näherte sich ihm
und flüsterte ihm zu: „Esel, du bist nicht auf der Straße,
sondern über einem zugefrorenen See. Gib acht!"
Der Esel, schläfrig,
gähnte genüsslich
und schlief ein.
Aber seine Körperwärme
begann nach und nach das Eis
aufzutauen, bis es mit einem
Krachen brach.
Als sich der Esel im Wasser wiederfand,
fühlte er sich doch sehr beunruhigt.
Aber jetzt war es zu spät, und er ertrank.

Leonardo da Vinci

1 Was stimmt nicht? Streiche durch.

Es geht um …
… einen Streit zwischen zwei Tieren.
… Gefahren auf dem Eis.
… Faulheit.

2 Untersuche die Textart. Was trifft zu? Kreuze an.

	trifft zu	trifft nicht zu
Der Text erzählt von einem Thema.		
Der Text erzählt in Versen von einem Thema.		
In dem Text spielen Personen oder Tiere eine Rolle.		

Der Text ist

☐ ein Gedicht.   ☐ ein Sachtext.   ☐ eine Geschichte.

Die Herdmanns und die Weihnachtsgeschichte

Die Herdmann-Kinder haben alle Hauptrollen im Krippenspiel bekommen.
Sie waren aber noch nie in der Kirche gewesen. Deshalb las meine Mutter
ihnen erst einmal die Weihnachtsgeschichte aus der Bibel vor.

„Und siehe, des Herrn Engel trat zu ihnen", fuhr Mutter fort,
„und die Klarheit des Herrn leuchtete um sie …" „Batman",
schrie Hedwig, warf die Arme auseinander und ohrfeigte dabei
das Kind neben ihr.
„Wie bitte?", fragte Mutter. Mutter las nie Comichefte.
„Aus dem Dunkel der Nacht erschien Batman, der Rächer der Entrechteten …"
„Ich weiß nicht, wovon du sprichst, Hedwig", sagte Mutter. „Das ist der Engel
des Herrn, der zu den Hirten aufs Feld kommt."
„Aus dem Nichts?", fragte Hedwig. „Aus dem geheimnisvollen Dunkel der Nacht, ja?"
„Na ja." Mutter sah etwas unglücklich aus. „Gewissermaßen."

„Da Jesus geboren war zu Bethlehem im jüdischen Lande", las Mutter weiter,
„kamen die Weisen vom Morgenlande gen Jerusalem und sprachen …"
„Das bist du, Leopold", sagte Ralf. „Und Klaus und Olli. Passt gefälligst auf!"
„Was bedeutet Weisen?", wollte Olli wissen. „Waren sie so etwas wie Lehrer?"
„Nein, du Quatschkopf", sagte Klaus. „Das ist so was Ähnliches wie der Präsident der
Vereinigten Staaten."
Mutter sah ihn überrascht und beinahe beglückt an. „Du bist schon ganz nahe dran,
Klaus", sagte sie. „Tatsächlich waren es Könige."
„Jetzt aber weiter", meuterte Eugenia. „Wahrscheinlich werden die Könige dem Wirt
gründlich die Meinung sagen und das Kind aus dem Trog holen."

Barbara Robinson

1 Worum geht es?
Lies die Überschrift. Überfliege den Text mit den Augen. Ergänze.

In diesem Text geht es um [   ].

2 Untersuche die Textart. Streiche die falschen Sätze durch. Ergänze.

Der Text erzählt von einem Thema.   In dem Text spielen Personen
oder Tiere eine Rolle.   Der Text erzählt in Versen von einem Thema.
In dem Text sprechen Personen miteinander.

Der Text ist [ ] ein Gedicht.   [ ] ein Sachtext.   [ ] eine Geschichte.

Das tut mir gut

Lena hat nur Fußball im Kopf

Drei mal vier ist zwölf, denkt Lena, und drei mal acht ist irgendwas mit zwanzig. Aber was ist sechs mal sieben? Mathematik ist das grässlichste Fach auf der Welt.

Da kommt Mama ins Zimmer und beugt sich über Lenas Schulter. „Lena", ruft sie. „Acht mal drei ist vierundzwanzig! Und drei mal fünf ist fünfzehn! Das ist ja wieder alles falsch!"
Lena duckt sich ganz tief über ihr Heft. Jetzt soll Mama bloß nicht wieder schimpfen. Schließlich kann Lena nichts dafür, wenn sie nicht so gut rechnen kann. Sie hat sich wirklich Mühe gegeben.

Mama holt tief Luft und setzt sich auf die Kante von Lenas Schreibtisch. „Das üben wir jetzt, bis es klappt", sagt Mama energisch.
Lena nickt und schiebt ihren Stuhl zurück. „Ja, machen wir, Mama", sagt sie. „Aber jetzt hab ich Training. Heute Abend üben wir das."

„Zum Training?", schreit Mama. „Wo du Mathe üben sollst? Wo die letzten drei Arbeiten schon so schlecht waren? Aber du denkst natürlich immer nur an Fußball!"
Mama springt auf. „Das wird jetzt mal anders, mein Kind!", ruft sie und fast wäre der Schreibtisch unter ihr umgekippt. „Jetzt wirst du mal lernen, was wichtig ist! Der Fußball wird bis Weihnachten auf dich verzichten müssen! Du denkst ja sonst an nichts anderes mehr!"

Kirsten Boie

1 Worum geht es in der Geschichte? Zeichne ein passendes Bild mit Sprechblasen.

2 Suche dir ein Partnerkind. Zeigt euch gegenseitig eure Bilder.

○ zentrale Aussagen eines Textes erfassen und wiedergeben – **Basis** **LF** S. 99

Wenn wir zwei Coole sind

 Coole reden ganz anders ▢ Leo ist cool ▢ Coole sind Außerirdische

„Wenn wir zwei Coole sind", sagt Leo, „dann reden wir ganz anders als normale Leute!" „Wie denn?", fragt Mug. „Ganz einfach. Wenn sich ein Cooler am Kiosk eine Cola kaufen will, dann sagt er zum Verkäufer: ,Hey, Alter, schieb mal ʼnen nachtschwarzen Magenätzer rüber, aber ein bisschen sportlich!'" „Hä? Warum reden Coole denn so komisch?", wundert sich Mug. „Na weil …". Leo überlegt. „… weil Coole eine Geheimsprache haben und …" „… und weil die normalen Leute den Coolen nicht verstehen, denken sie, er ist ein Außerirdischer, und rennen weg. Dann kann sich der Coole so viel Cola nehmen, wie er will!", jauchzt Mug. „Und was machen wir noch, wenn wir cool sind, Leo?"

_____

„Wenn wir zwei Coole sind", sagt Leo, „dann hören wir ganz andere Musik!" „Welche denn?", fragt Mug und schaut nachdenklich rüber zu seiner Kiste mit den Kinderlieder-Kassetten. „Coole hören von morgens bis abends ganz schrecklich laute Krachmusik, bis ihnen die Ohren klingen", antwortet Leo. „Warum?", fragt Mug. „Na weil …" Leo überlegt. „… weil die Coolen dann nicht hören, wenn der Papa schimpft, weil sie Monsterfilme sehen." Mug grübelt: „Und weil ihnen die scheußliche Krachmusik selber viel zu krachig ist, tragen die Coolen immer Strickmützen über den Ohren!" „Ist doch klar wie Kloßbrühe, Mug."

Susann Opel-Götz

 1 Welche Überschrift passt zum ersten Abschnitt? Kreuze oben an.

 2 Welche Überschrift passt zum zweiten Abschnitt? Schreibe sie auf die Linie (über dem Abschnitt).

 3 Überlege, warum die Autorin den Text geschrieben hat. Notiere deine Vermutung.

Ich denke …

_____

_____

_____

_____ .

Faulenzen

Manchmal möchte
man
faulenzen
wie ein
Gulli im
Sonnenschein,
wie ein
Rasenmäher
im Winter,
wie eine
Nachttischlampe
am
Tag.

Josef Reding

Faulenzen

Manchmal möchte
man
faulenzen
wie

_____

_____ ,

wie

_____

_____ ,

wie

_____

_____ .

von _____

1 Finde die drei Vergleiche im Gedicht **Faulenzen**. Markiere sie.

2 Schreibe dein eigenes Faulenzen-Gedicht. Finde eigene Vergleiche.

3 Vergleiche dein Gedicht mit dem Gedicht eines Partnerkindes.

○ eigene Gedanken zu Texten entwickeln, zu Texten Stellung nehmen
und mit anderen über Texte sprechen – **Basis**

Lolas Lieblingsplatz

Am späten Nachmittag setzte Lola sich ans Ufer des
Flusses. Ihr Lieblingsplatz war ein kleiner bemooster
Winkel unter einer Rotbuche. Dort ging sie hin, wenn
sie ganz für sich sein wollte. Die Zweige hingen so weit
herunter, dass sie eine Art Höhle bildeten, die sich
zum Wasser hin öffnete. Sie nannte diese Stelle auch
„Dunas Höhle". Denn zwischen zwei dicken Wurzeln
des Baumes lag Nadus* Schwester Duna begraben,
die an einer Krankheit gestorben war. Und auch ihr
liebstes Kuscheltier, ein Teddybär, der zuletzt weder
Arme noch Fell gehabt hatte und eines Tages einfach
in mehrere Teile zerfallen war, lag hier unter der Erde.
Außerdem zwei Mäuse, ein Schmetterling, ein Frosch
und mehrere Vögel und Käfer, die Lola tot aufgefunden
und einzeln begraben hatte.
Lola legte sich auf den Rücken ins Gras
und blickte durch die Zweige zum Himmel hinauf.

Annette Mierswa   *Nadu ist Lolas Meerschweinchen.

1 Wie gefällt dir der Text?
Schreibe es in die
Denkblase.

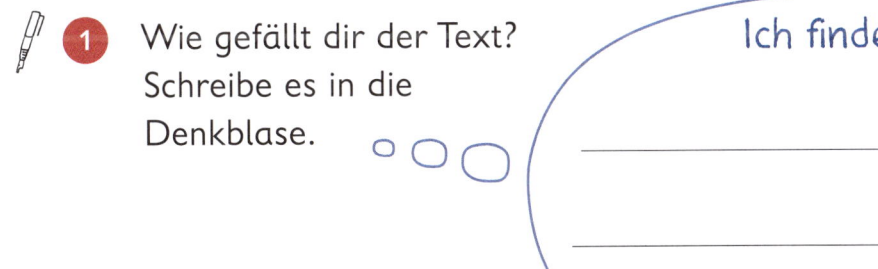

Ich finde den Text

_____, weil

_____

_____ .

2 Markiere eine Stelle im Text, die du interessant findest. Begründe.

Ich finde die Stelle interessant, weil [_____]

[_____] .

3 Vergleiche deine Gedanken mit den Gedanken eines Partnerkindes.

Früher und heute

Der Frauenzug

Die Hungersnot

Früher herrschte einmal im Brandenburger Land eine furchtbare Hungersnot. Auch die Fischer aus dem Kiez bei Köpenick hatten große Sorgen, und man wusste nicht, wie und wovon man leben sollte.

Die Frauen handeln

Da taten sich die Frauen aus Köpenick zusammen und sagten: „Lasst uns selbst einmal fischen gehen." So fischten sie heimlich in der Nacht an einer Stelle mitten in Köpenick, wo es bisher noch keinem ihrer Männer eingefallen war, sein Glück zu versuchen. Es war ein kleiner Wasserarm östlich der Schlossinsel.

Der Hunger ist vorbei

Die Frauen hatten Erfolg. Viele Netze, voll mit Fischen, zogen sie in die Boote. Am Morgen zeigten sie ihren Fang den staunenden Männern. So hatte die Hungersnot vorerst ein Ende. Der Spreearm aber, wo die Frauen den guten Fang gemacht haben, heißt seitdem der Frauentog (Frauenzug).

Sage aus Berlin-Brandenburg

1 Betrachte zuerst das Bild. An welchem Ort könnte die Sage spielen? Rahme ein.

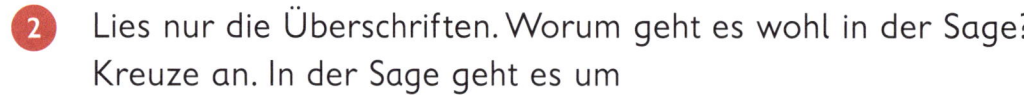

2 Lies nur die Überschriften. Worum geht es wohl in der Sage? Kreuze an. In der Sage geht es um

☐ Fischer, die viele Fische fangen und verkaufen.

☐ Frauen, die andere vor der Hungersnot retten.

☐ Frauen, die den Beruf des Fischers lernen wollen.

3 Lies den Text. Ist deine Vermutung eingetroffen?

Wie Köpenick zu seinem Namen kam

Als der Ort noch keinen Namen hatte, warf einmal **ein armer Fischer**
seine Netze im Müggelsee aus und fing **einen großen Krebs**.
Der Krebs **konnte sprechen** und sagte zum Fischer, dass er ihn
zu einem reichen Mann machen werde. Aber das würde nur geschehen,
wenn er ihn **nicht an seinem Wohnort verkaufen** würde,
sondern auf der anderen Seite der Spree.
Der Fischer war zufrieden und wollte so tun, wie es der Krebs gesagt hatte.
Als der Fischer aber mit seinem Fang auf den Markt kam, **vergaß er
die Bedingung** und wollte den Krebs verkaufen. Und schon bald
interessierte sich ein Mann für den Krebs. Da begann der **Krebs zu rufen:**
„**Köp nich! Köp nich!**", und der Käufer lief erschrocken davon.
Der Fischer stieg nun wieder mit dem Krebs in sein Boot und **ruderte
auf die andere Spreeseite** bis nach Stralau, wo er das Schalentier
für so viel Geld verkaufte, dass er **ein reicher Mann** wurde.
Den **Heimatort des Fischers** nannte man seitdem nach den Worten,
die der Krebs gerufen hatte: **Köpenick**.

Sage aus Berlin-Brandenburg

Ich würde jetzt die
ganze Sage lesen.

 1 Lies die Überschrift. Betrachte das Bild. Worum geht es wohl in der Sage?

  2 Rutsche mit den Augen über den Text. Lies die fett gedruckten Wörter.
Stimmt deine Vermutung?

  ☐ ja ☐ nein

 3 Suche dir ein Partnerkind. Erzählt einander, was ihr über den Text wisst.

Wilde Fußballkerle

_1_ **Leon** ist der Anführer der

_2_ Wilden Kerle. Man

___ Slalomdribbler. Manchmal

___ nennt ihn auch den

___ kann Leon egoistisch und

___ dickköpfig sein. Sein

___ Lieblingsessen sind übrigens

___ Pfannkuchen.

___ **Marlon** ist Leons großer

___ Teams. Er ist ein genialer

___ Bruder und das Herz des

___ Mittelstürmer. Auf dem

___ Rasen geht nichts ohne

___ ihn, denn er gibt nie auf.

___ Seine Rückennummer ist

___ die 10.

___ **Deniz** stammt aus einer

___ strengen türkischen Familie.

___ Er ist ein toller Stürmer, aber

___ gut wie gar nichts. Sein

___ ohne Brille sieht Deniz so

___ Lieblingsschimpfwort heißt

___ „Fliegender Orientteppich".

___ **Vanessa** ist das einzige

___ Mädchen bei den Wilden

___ Fußballkerlen. Sie spielt im

___ Mittelfeld. Sie weiß genau,

___ nicht unterkriegen. Als

___ was sie will, und lässt sich

___ Erfrischung trinkt sie am

___ liebsten Apfelsaftschorle.

1 In jedem Text sind einige Zeilen vertauscht.
Lies genau und nummeriere sie in der richtigen Reihenfolge.

2 Ordne die Gegenstände den Beschreibungen der Personen zu.
Markiere die Textstelle, die dir geholfen hat.

Ein wichtiger Mann beim Fußball

Der erste Schiedsrichter

Fußball wurde in früheren Zeiten ohne einen Schiedsrichter gespielt. Die beiden Mannschaften mussten sich untereinander einigen – was nicht
5 immer gut gelang. Im Jahr **1874 wurde in England der erste Schiedsrichter ernannt,** der als Unparteiischer das Spiel leiten sollte.

A

B

Ohne ihn geht nichts

Der Schiedsrichter **wacht über alle Spielabläufe**
10 und sorgt dafür, dass das Spiel fair bleibt. Sekundenschnell muss er seine Entscheidungen treffen. Klar, dass ihm da auch mal ein Fehler unterlaufen kann. Aber die Entscheidung eines Schiedsrichters ist immer endgültig.

15 ## Gelb und Rot

Bei allen Fußballern gefürchtet sind die **Gelben und Roten Karten** des Schiedsrichters. Wenn er einem Spieler eine Gelbe Karte zeigt, so bedeutet das eine Verwarnung. Wenn er eine Rote Karte
20 zeigt, dann bedeutet das einen Platzverweis.

C

1 Lies den Text genau. Ordne die Bilder den passenden Texten zu.

2 Was stimmt? Was stimmt nicht? Kreuze an.
Markiere die Textstelle.

	stimmt	stimmt nicht
Der erste Schiedsrichter wurde 1874 in England ernannt.		
Die Entscheidung eines Schiedsrichters ist endgültig.		
Die Gelbe Karte bedeutet Platzverweis.		

3 In welcher Zeile steht, dass der Schiedsrichter für ein faires Spiel sorgt? Zeile _____

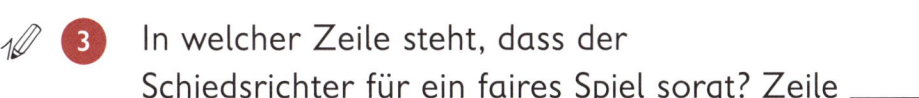

Im Frühling

Frühlingsgedichte zum Verschenken

Die Eiszapfen*
sind fortgeschwommen.
Das Wasser gluckert!
Aber wie!
Und langweilig ist es nie!

Georg Bydlinski

*Ausschnitt aus dem
„Jahreszeitengedicht"

Frühlingserwachen
die Biene am Blumenkelch
hat wieder Hunger

Elisabeth Zartl

Die Amsel im Fliederbusch
Die Amsel, die schwarze, sie
reißt auf ihren Schnabel, den gelben.
Im Winter tat sie es nie.

Die Amsel singt vor lauter Glück.
Der Fliederbusch kriegt Ohren,
grüne Ohren, tausend Stück.

Josef Guggenmos

1 Welches Gedicht würdest du
gern verschenken? Rahme es farbig ein.

2 Wem möchtest du dieses Gedicht schenken? Warum?

Ich möchte das Gedicht [   ] schenken, weil

[   ]

[   ] .

Mach was im Frühling

Maike feiert ihren 9. Geburtstag
mit **einigen Freundinnen**.
Sie möchte an ihrem Fest mit ihren Gästen
zwei Spiele im **Haus** spielen.
In einem Frühlingsbuch sucht sie nach Ideen.
Zuerst liest sie das Inhaltsverzeichnis.

Zeichen:
Spiel ist ab diesem Alter geeignet **7+**
Spiel für ein Kind 👦   Spiel für mehrere Kinder 👦👦👦

Inhalt

1 Markiere Spiele, die Maike an ihrem Geburtstag spielen könnte.

2 Begründe, warum du diese Spiele markiert hast.
Tausche dich mit einem Partnerkind aus.

Wir Kinder aus Bullerbü

 1 Welche Geschichte über die Kinder aus Bullerbü würdest du gerne lesen? Kreuze an.

☐ Brüder sind anstrengend

☐ Mein allerschönster Geburtstag

☐ Lasse fällt in den See

☐ Wenn es regnet

☐ Wir schlafen auf dem Heuboden

☐ Großvater wird achtzig

 2 Warum interessiert dich diese Geschichte? Begründe.

_____

_____

1 Brüder sind anstrengend

Manchmal ist es sehr schön, im selben Zimmer zu schlafen
wie die Brüder. Aber nur manchmal. Es war schön, wenn wir
abends im Bett lagen und uns Spukgeschichten erzählten.
Aber es war auch unheimlich. Lasse weiß so schreckliche
Spukgeschichten, dass ich lange, lange hinterher
den Kopf unter das Deckbett stecken musste.
Wenn man mit seinen Brüdern im selben Zimmer wohnt
und die Brüder größer sind als man selbst,
darf man auch nie etwas bestimmen.
Immer bestimmte Lasse, wann abends
das Licht ausgemacht werden sollte.

2 Mein allerschönster Geburtstag

Ich finde, mein Geburtstag und der
Weihnachtsabend sind die schönsten Tage
im ganzen Jahr. Meinen allerschönsten
Geburtstag hatte ich, als ich sieben Jahre alt
wurde. Das war so:

Ich wachte früh auf. Ich wohnte damals in Lasses und Bosses Zimmer.
Lasse und Bosse schliefen noch. Ich habe ein Bett, das knarrt,
und ich drehte mich immerzu hin und her. Es sollte ganz laut knarren,
damit Lasse und Bosse aufwachten. Ich konnte sie ja nicht rufen,
denn wenn man Geburtstag hat, muss man tun, als ob man schläft,
bis man das Frühstück ans Bett gebracht bekommt.

3 Wir schlafen auf dem Heuboden

Um acht Uhr gingen wir hinaus. Die Jungen
wollten auf dem Heuboden des Mittelhofs schlafen
und wir auf dem Heuboden vom Nordhof.
Als wir den Jungen gute Nacht sagten, bemerkte Lasse:
„Schlaft gut! Wenn ihr könnt! Voriges Jahr haben sie
auf dem Heuboden vom Nordhof
eine Kreuzotter gefunden. Ich möchte wissen,
ob in diesem Jahr auch eine da ist."
Bosse sagte: „Vielleicht – vielleicht auch nicht.
Aber eine Masse Feldmäuse sind auf
jeden Fall da. Hu, wie garstig*!"

Astrid Lindgren   *ekelhaft

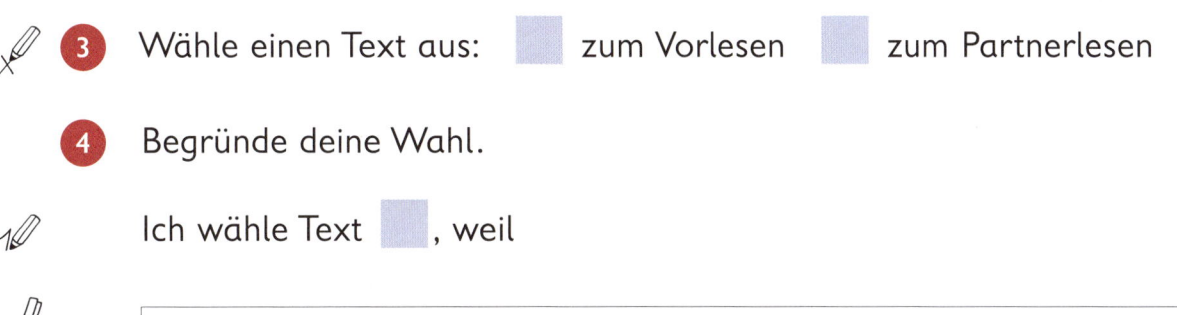

3 Wähle einen Text aus: ☐ zum Vorlesen   ☐ zum Partnerlesen

4 Begründe deine Wahl.

Ich wähle Text ☐ , weil

_____ .

Der Natur auf der Spur

Rund um das Wasser

1 **Wofür die Menschen**
Wasser brauchen

Essen/Trinken	4%	♦♦♦♦
Geschirrspülen	6%	♦♦♦♦♦♦
Putzen/Garten	6%	♦♦♦♦♦♦
Sonstiges	9%	♦♦♦♦♦♦♦♦♦
Wäsche waschen	12%	♦♦♦♦♦♦♦♦♦♦♦♦
Toilettenspülung	27%	♦♦♦♦♦♦♦♦♦♦♦♦♦♦♦♦♦♦♦♦♦♦♦♦♦♦♦
Baden/Duschen	36%	♦♦♦♦♦♦♦♦♦♦♦♦♦♦♦♦♦♦♦♦♦♦♦♦♦♦♦♦♦♦♦♦♦♦♦♦

2 **Wie man einen Kescher baut**

Man nimmt zunächst einen dicken Draht.   Der Draht wird in die richtige Form gebogen.   Dann beschafft man sich einen alten Damenstrumpf.   Der Strumpf wird über den Draht gestülpt.   Zum Schluss wird der Strumpf am Draht festgenäht.

3 **Erdbeereis selbstgemacht**

Zutaten
Erdbeeren
etwas Quark
1 kleines Glas Sirup

2 Esslöffel Zucker
1 Spritzer Zitronensaft
Wasser

Zubereitung
Zuerst die Erdbeeren möglichst klein schneiden. Dann den Quark mit Wasser
und Sirup vermischen. Zucker und Zitronensaft je nach Geschmack hinzufügen.
Anschließend kommen die klein geschnittenen Erdbeeren dazu.
Die Mischung wird in kleine Jogurtbecher mit Teelöffeln (als Stiel) gefüllt
und in den Gefrierschrank gestellt. Nach ein paar Stunden ist das Erdbeereis fertig.

 1 Wie werden diese Texte bezeichnet? Ordne die passenden Zahlen zu.

2 Welches Merkmal gehört zu den Textsorten? Verbinde.

• bildliche Darstellung von Daten oder Informationen

Bastelanleitung •

• eine der Reihenfolge nach geordnete Anweisung
zum Herstellen von Dingen.

Rezept •

Schaubild •

• eine der Reihenfolge nach geordnete Anweisung
zum Herstellen einer Speise.

Kastanien

Die **Rosskastanie** wächst in Europa, Nordamerika und Ostasien. Besonders auffällig ist ihr Blütenstand. Er wird auch „Kerze" genannt. Im Herbst bilden sich braune, glänzende Früchte, aus denen man Arzneimittel herstellen kann. Kinder basteln oft damit. Ein Feind der Rosskastanie ist die Miniermotte. Ihre Larven bohren sich in die Blätter und saugen die Nährstoffe aus. Dadurch färben sich die Blätter schon im Sommer braun und welken.

Die **Edelkastanie** (auch Esskastanie genannt) hat harte braune Früchte. Diese Früchte nennt man auch Maronen. Sie schmecken sehr gut, wenn sie geröstet sind. Die Blüten nennt man auch Kätzchen. Die Edelkastanie ist in Südeuropa und Westeuropa zu Hause. Ein Feind der Edelkastanie ist ein Pilz. Wenn dieser Pilz die Kastanie befällt, welken ihre Blätter.

1 Markiere in den Texten wichtige Wörter, die dir helfen, den Steckbrief auszufüllen. Ergänze den Steckbrief.

	Rosskastanie	Edelkastanie
Standort:		
Blüten:		
Frucht:		
Nutzen:		
Feinde:		

2 Was passt? Streiche die falschen Satzteile durch.

Ein Steckbrief

ist ein knapper, listenartiger Text.
will zum Kauf von Produkten veranlassen.
enthält die wichtigsten Informationen zu einem Thema.
ist eine grafische Darstellung von Informationen.

www.nationalpark-hainich.de

Öffnungszeiten:	
April bis Oktober	10.00 bis 19.00 Uhr
November bis März	10.00 bis 16.00 Uhr
Letzter Einlass jeweils eine Stunde vor Schließung!	
Am 24.12. und 31.12. bleibt der Baumkronenpfad geschlossen.	

ERLEBEN
Programm 1: Wald erleben (Kindergarten bis 3. Klasse)

Wer hat schon einmal mit einem Baum telefoniert?

Wie fühlt es sich an, barfuß und mit verbundenen Augen über eine Wiese zu gehen?

Kann man wie ein Eichhörnchen in den Baumkronen spazieren gehen?

Programm 2: Lebensnetz Wald (1. bis 4. Klasse)

Was hat der Pilz mit der Wildkatze zu tun?

Wie entsteht aus Totholz ein neuer Baum?

Wer lebt im Waldboden?

 1 Was stimmt? Was stimmt nicht?
Kreuze an.

	stimmt	stimmt nicht
Wald erleben ist ein Programm für die 2. Klasse.		
Der Park schließt im Mai um 19.00 Uhr.		
Die Programme sind für die 3. Klasse geeignet.		
In Programm 1 kann man den Wald erleben.		
In Programm 2 kann man mit einem Baum telefonieren.		
Der Baumkronenpfad ist immer geöffnet.		

Tierdetektive

So könnte eine Internet-Seite zum Thema **Tierdetektive** aussehen.

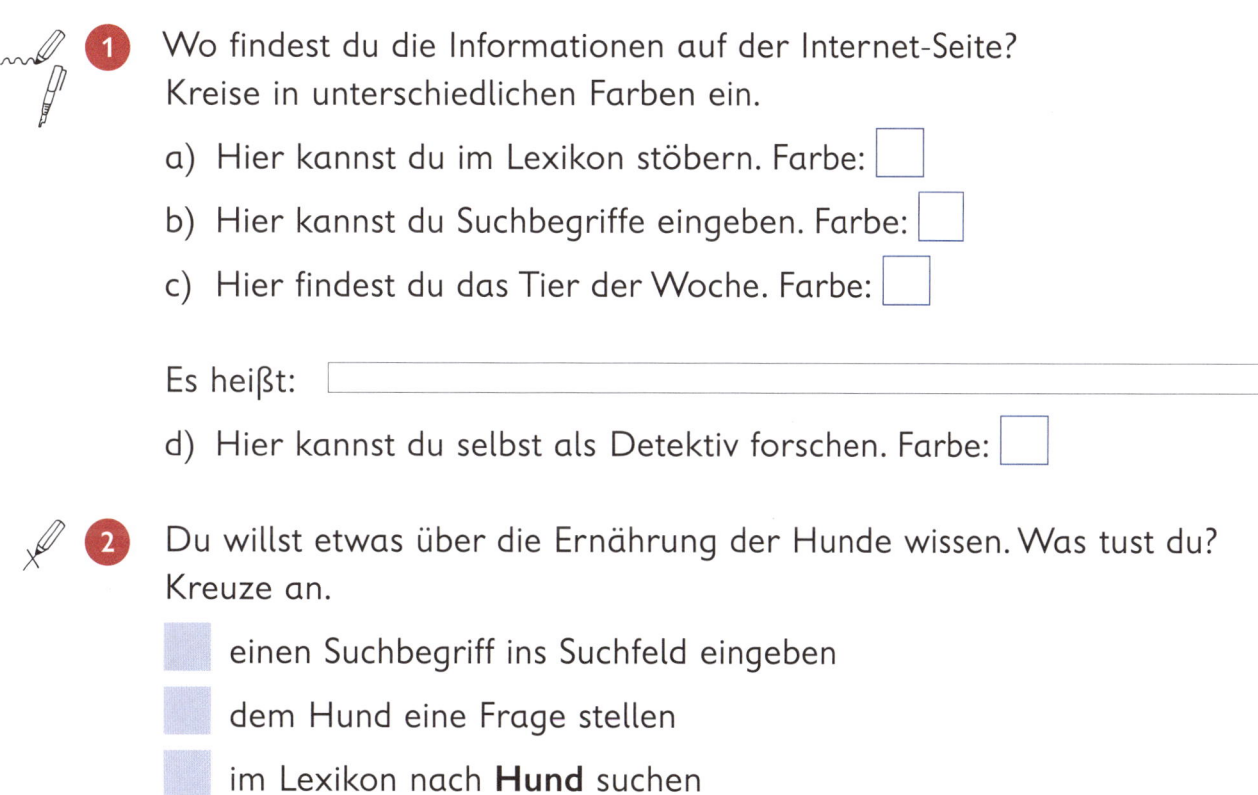

1 Wo findest du die Informationen auf der Internet-Seite?
Kreise in unterschiedlichen Farben ein.

a) Hier kannst du im Lexikon stöbern. Farbe: ☐

b) Hier kannst du Suchbegriffe eingeben. Farbe: ☐

c) Hier findest du das Tier der Woche. Farbe: ☐

Es heißt: _____

d) Hier kannst du selbst als Detektiv forschen. Farbe: ☐

2 Du willst etwas über die Ernährung der Hunde wissen. Was tust du?
Kreuze an.

☐ einen Suchbegriff ins Suchfeld eingeben

☐ dem Hund eine Frage stellen

☐ im Lexikon nach **Hund** suchen

☐ warten, bis der Hund das **Tier der Woche** ist

3 Vergleiche deine Antworten mit einem Partnerkind.

Wusstest du schon?

Internet-Angebote zu Tsunamis

Die Kindersuchmaschine **Ich suche: TSUNAMI**

1 **Woher kommt das Wort Tsunami und was bedeutet es?**
Ab 11 Jahre
„Tsunami" kommt aus dem Japanischen.
Japanische Fischer haben diesen Begriff geprägt.

2 **So kommt es zu einem Tsunami**
Ab 9 Jahre
Auslöser für einen Tsunami ist häufig ein Unterwasserbeben.
Dabei schieben sich die Erdplatten übereinander.
Dadurch wird das Wasser stark aufgewühlt.
Es gibt aber noch weitere Ursachen für Tsunamis.

3 **Tsunamis in früheren Zeiten**
Ab 13 Jahre
Ein Tsunami ist kein Naturphänomen, das erst
in unserer Zeit auftritt. Man konnte feststellen,
dass es Tsunamis schon in prähistorischer Zeit gab.

1 Max möchte ganz genau wissen, wie ein Tsunami entsteht.
Welches Angebot empfiehlst du ihm? Kreuze an.   1   2   3

2 Sofie ist 13. Welche Angebote empfiehlst du ihr? Kreuze an.   1   2   3

3 Welches der drei Angebote interessiert dich? Begründe.

Ich interessiere mich für Angebot ___ , weil _____

_____ .

○ Angebote in Zeitungen und Zeitschriften, in Hörfunk und Fernsehen, auf Ton- und Bildträgern
sowie im Netz kennen, nutzen und begründet auswählen – **Basis**   **LF** S.144

Internet-Angebote für Kinder

www.astronomie.de/
astronomie-fuer-kinder/
die-astrokids/

Die PHÄNOMENTA Lüdenscheid ist ein Museum für Naturwissenschaft und Technik. Es bietet Kindern Physik zum Anfassen und Begreifen.

www.phaenomenta.de/
Luedenscheid/

Auf dieser Seite nimmt dich die NAJU (Naturschutzjugend) mit auf eine Reise durch die Natur. Es dreht sich alles um deine Umwelt, Menschen, Tiere und Pflanzen. In der Rubrik WISSEN kannst du Spannendes und Interessantes aus kurzen Texten lernen.

www.oekoleo.de

Willst du etwas über das Universum wissen? Auf dieser Seite bekommst du Informationen über Planeten, Satelliten und Raketen. Außerdem erhältst du Tipps für die Beobachtung des Sternenhimmels.

www.najuversum.de

Auf dieser Seite erfährst du viel Spannendes und Interessantes über das Thema Natur. Ein kleiner Löwe gibt dir wichtige Informationen darüber, wie du deine Umwelt schützen kannst.

1 Bei welcher Internet-Adresse findest du was? Ordne zu.

2 Welche Internet-Seite interessiert dich? Warum? Schreibe auf.

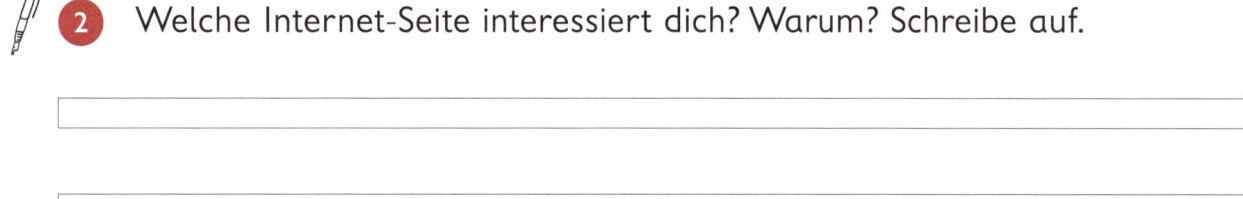

3 Schau dir eine der Internet-Seiten genau an. Bewerte sie. Begründe deine Entscheidung.

Ich gebe der Internet-Seite ☆☆☆☆☆, weil

Lesen, spielen und hören auf www.amira-lesen.de

Die Website **AMIRA** hat viele Angebote für Kinder. Hier kann man
Geschichten in sieben verschiedenen Sprachen lesen: Deutsch, Italienisch,
Türkisch, Russisch, Arabisch, Englisch und Polnisch.
Man kann die Geschichten aber auch in verschiedenen Sprachen hören
und verschiedene Spiele zu den Geschichten spielen.
Außerdem gibt es viele Hörspiele.

1 Auf welche Stelle musst du klicken, um dich auf der Website anzumelden?
Umkreise die Stelle mit einem roten Stift.

2 Auf welche Stelle musst du klicken, um zu den Hörspielen zu kommen?
Umkreise die Stelle mit einem blauen Stift.

3 Welche Internet-Seite möchtest du anderen Kindern empfehlen?
Begründe.

Ich empfehle die Internet-Seite

www. [   ] ,

weil [   ]

[   ] .

◉ Angebote in Zeitungen und Zeitschriften, in Hörfunk und Fernsehen, auf Ton- und Bildträgern
sowie im Netz kennen, nutzen und begründet auswählen – **Basis**   **LF** S.150

Lesespaß mit Kinderzeitschriften

Heft 1

Heft 2

1 Kreise auf beiden Titelseiten die Stelle ein, die auf den wichtigsten Text im Heft aufmerksam machen möchte.

2 Welchen der beiden **GEOminis** würdest du zum Lesen auswählen? Begründe.

Ich würde Heft ☐ auswählen, weil ▭

▭ .

3 Notiere Kinderzeitschriften, die du kennst:

▭

▭

4 Welche Kinderzeitschrift würdest du anderen Kindern empfehlen? Begründe.

Ich empfehle die Kinderzeitschrift ▭ ,

weil ▭

▭ .

Mit Tieren leben

Das Meerschweinchen

Das Meerschweinchen gehört nicht zu den Schweinen. Es ist ein Nagetier. Sein Name kommt vermutlich daher, dass es vor mehr als 400 Jahren von Seefahrern aus Südamerika über das Meer nach Europa gebracht wurde.

Das Meerschweinchen wiegt etwa 1200 Gramm und wird ungefähr 30 cm groß. Es gibt Tiere mit kurzem und langem Fell. Das Fell kann glatt sein oder Wirbel haben. Manche Tiere sind schwarz, andere grau, braun, weiß, gelb oder bunt.

Seine Nahrung besteht aus Gras und vielen frischen Kräutern.
Auch Obst und die meisten Gemüsesorten stehen auf seinem Speisezettel.

Meerschweinchen schlafen nachts 6 bis 8 Stunden und sind am Tag munter.
Oft legen sie aber auch tagsüber ein Schläfchen ein.

1 Markiere im Text wichtige Wörter, die dir helfen, den Steckbrief auszufüllen.

2 Ergänze den Steckbrief.

Das Meerschweinchen	
Herkunft:	
Aussehen:	
Nahrung:	

 3 Erzähle jemandem mithilfe des Steckbriefs, was du jetzt weißt.

Schwein gehabt

Zuppi hat bei der Tombola ein kleines Schwein gewonnen.

Zuppi schleppte breit grinsend das Ferkel zu unserem Tisch und setzte es Mutter auf den Schoß. Es war ein sauberes rosiges Tier, mit einer dicken Schnauze, kleinen flinken Äuglein und großen Schlappohren.

Und jetzt hatte Mutter dieses Ferkel auf dem Schoß und kraulte ihm das eine Schlappohr. „Niedlich, nicht", sagte Zuppi begeistert, „guck mal, dieser kleine Ringelschwanz." Vater nahm die Pfeife aus dem Mund. „Ganz nett", sagte er, „aber wenn wir gehen, dann gibst du das Tier zurück!"

„Nein", rief Zuppi, „ich habe das gewonnen. Das gehört mir." Da begann Zuppi zu weinen, und wenn sie weint, tut sie das ziemlich laut. Von den anderen Tischen sahen sie herüber.
Warum weinte das kleine Mädchen, das doch eben ein Glücksschwein gewonnen hatte?

Uwe Timm

1 Markiere in jedem Abschnitt drei bis fünf wichtige Wörter oder Wortgruppen.

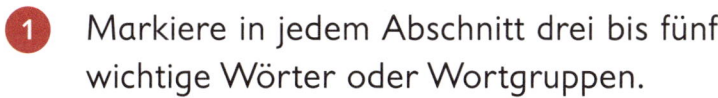
2 Schreibe die Wörter in den Rahmen neben dem Abschnitt.

3 Decke den Text ab. Erzähle die Geschichte mithilfe des roten Fadens einem Partnerkind.

King-Kong

Jan-Arne schlürft ganz, ganz langsam
seinen heißen Fliederbeersaft. Das mag
er immer so gerne. In der Küche sitzen
und die Füße in einem warmen Fußbad
haben und Fliederbeersaft trinken.
Da wird ihm immer so richtig mummelig.
Aber heute nicht. Heute möchte er
wieder ganz schnell in sein Zimmer.

Mama verschwindet in Jan-Arnes
Zimmer. Aber dann kommt sie doch nicht
mit den Socken zurück. Überhaupt nicht
kommt sie zurück. Nur ein komisches
Geräusch hört Jan-Arne aus seinem
Zimmer. So, als ob jemand quiekt.
Dann steht Mama in der Küchentür.
Und ganz ohne Socken. „Jan-Arne", sagt
sie und hat einen merkwürdigen Blick
dabei. „Komm mal mit in dein Zimmer.
Ich muss dir was zeigen." Da weiß
Jan-Arne es schon. Und dass nun die Zeit
doch nicht mehr gereicht hat, um sich
irgendwas auszudenken.

In seinem Käfig sitzt King-Kong im Heu
und leckt ein winziges Meerschweinchen
ab. Zwei andere liegen daneben.
„Mein Gott, sind die süß!", flüstert
Mama und lässt sich vor dem Käfig auf
die Knie fallen. „Schon Fell und Augen
offen und alles!" Sie guckt Jan-Arne an.
„Aber wie konnte das denn passieren?",
fragt Mama verwirrt. „Wieso hat
King-Kong denn bloß Junge gekriegt?"

Jan-Arne hockt sich vorsichtig dazu.
Die Meerschweinchenbabys sind wirklich
das Süßeste, was er jemals gesehen hat.
Ihr Fell ist noch ein bisschen verklebt,
aber eins fängt jetzt schon an, ein paar
Schritte zu laufen. „Ach du liebe Güte!",
sagt Mama und schlägt sich die Hand
gegen die Stirn. „Deshalb hat Liane
immer angerufen. Und diese ganzen
anderen Kinder! Na, ich muss ja wirklich
ziemlich blöde gewesen sein …"

Dann guckt sie Jan-Arne streng an.
„Ihr habt sie also doch zusammen-
getan!", sagt Mama und Jan-Arne
versucht zu hören, ob sie sehr ärgerlich
klingt. „Ich hatte doch gesagt …"
„Aber wir dachten, wo sie sich doch
nicht kennen!", sagte Jan-Arne schnell.

Kirsten Boie

1 Markiere in jedem Abschnitt drei bis fünf wichtige Wörter
oder Wortgruppen.

2 Schreibe sie dann in den Rahmen neben dem Abschnitt.

3 Decke den Text ab. Erzähle die Geschichte mithilfe des roten Fadens
einem Partnerkind.

Bücher, Bücher

Herr Taschenbier trifft das Sams

Jetzt verstand Herr Taschenbier, warum die anderen
nicht wussten, wie sie das Wesen nennen sollten.
Da war einmal ein Kopf: zwei freche, flinke Äuglein,
ein riesiger Mund und anstelle der Nase
ein beweglicher kurzer Rüssel. Sein breites Gesicht
war übersät mit großen blauen Punkten. Aus den
feuerroten Haaren, die wie Stacheln eines Igels
nach oben standen, schauten zwei abstehende Ohren.

Und so sah der Körper aus, auf dem dieser Kopf saß:
Zuerst fiel der grüne, prallrunde Trommelbauch auf.
Die Arme und Hände waren die eines Kindes,
die Füße dagegen erinnerten an vergrößerte Froschfüße.
Brust und Bauch waren glatt und grün.

So saß es auf dem Boden, hatte mit
dem Singen aufgehört und schaute frech
von einem zum anderen.
„Das ist kein Tier, so viel steht fest",
sagte ein Mann aus der Menge.
„Sonst könnte es nicht reden."
„Was ist es denn dann?"

Paul Maar

1 Was erfährst du im Text
über das Aussehen des Sams?
Markiere alle Angaben.

 2 Zeichne das Sams fertig.

Das ist der Hirbel

Der Hirbel ist der Schlimmste von allen, sagten die Kinder im Heim.
Das war nicht wahr. Doch die Kinder verstanden den Hirbel nicht.
Sie hielten sich ohnehin nie lange auf in dem Heim, einem Haus am Rande
der Stadt, in das Kinder gebracht wurden, die herumstreunten, Kinder,
mit denen ihre Eltern nicht mehr zurechtkamen, die von ihren Müttern
verstoßen wurden, die bei Pflegeeltern waren und nicht „guttaten" – es war
ein Durchgangsheim. Von dort wurde man in andere Heime geschickt.
Den Hirbel wollte niemand, deshalb war er schon Stammgast in dem Haus
am Rande der Stadt. Er war neun Jahre alt und so groß wie ein
Sechsjähriger. Er hatte einen dicken Kopf mit dünnen blonden Haaren,
die er nie kämmte, und einen mageren Leib. Trotzdem fürchteten alle
seine Kraft. Beim Raufen siegte er immer.

Peter Härtling

1 Markiere im Text, was du über das Aussehen des Hirbels erfährst.

 2 Was erfährst du außerdem über den Hirbel?
Fülle den Steckbrief aus. Nutze deine Markierungen.

Der Hirbel	
Name:	
Alter:	
Aussehen:	
Wohnort:	
Besonderheiten:	

 3 Welche Frage würdest du dem Hirbel in einem Interview stellen?

Der Lesemuffel

Muffel kann gut Tore schießen. Er kann schwimmen und tauchen.
Er kann Nägel einschlagen und Schuhe binden und auf dem Kopf stehen.
Er kann ein Nilkrokodil von einem Alligator unterscheiden und einen
Katzenhai von einem Hammerhai. Außerdem ist er der schnellste
5 Rollerfahrer der ganzen Schule. Muffel kann fast alles.
Nur eines kann Muffel nicht so gut, und das ist lesen. Aber lesen ist auch
nicht so wichtig. Denn lesen können sowieso die anderen. Außerdem ist
lesen langweilig. Vom Lesen bekommt Muffel immer juckende Augen und
schwere Füße. Sobald er ein Buch aufschlägt, fängt er an zu gähnen.
10 Lesen macht ihn müde. Unheimlich müde.

Saskia Hula

 1 Ergänze die Tabelle.

	gut ...	nicht gut ...
Muffel kann		
Ich kann		

 **2** In Zeile 8 steht, dass Lesen für Muffel langweilig ist.
Was trifft auf dich zu? Kreuze an und begründe.

Für mich ist Lesen

☐ langweilig, weil   ☐ nicht langweilig, weil

_____ .

3 In Zeile 10 steht, dass Lesen Muffel müde macht.
Ist es dir auch schon einmal so ergangen? Schreibe auf.

_____

_____

Übers Lesen nachgedacht

1 Welche drei Bücher würdest du mit auf eine einsame Insel nehmen?

1	2	3
Titel	Titel	Titel
Autor	Autor	Autor

2 Wem würdest du in deiner Klasse eines der Bücher besonders empfehlen? Begründe, warum.

Ich würde _____ das Buch ☐ empfehlen,

weil _____ .

3 Mit wem und wo liest du gern in der Schule? Kreuze an.

☐ allein

☐ mit einem Partnerkind

☐ in einer Lesekonferenz

☐ mit Lehrerin oder Lehrer

☐ mit einem Lesepaten

☐ _____

☐ in der Leseecke

☐ außerhalb des Klassenzimmers

☐ in der Schulbibliothek

☐ an meinem Platz

☐ auf dem Schulhof

☐ _____

4 Was stört dich beim Lesen in der Klasse? Schreibe es auf.

_____

_____

Im Sommer

Ein hüpfendes Holf

Das Holf ist ein kleines, gemeines und ungeheuer flinkes Ungeheuer.
Es hat lange, hagere Beine, mit denen es weit springen kann.
Deshalb kann es seine Feinde blitzschnell angreifen. Mit seinem langen
Rüssel saugt es das Blut aus seinen Opfern, noch ehe sie sich wehren
können. Wegen ihrer Blutgier sind die Hölfe die natürlichen Feinde aller
Warmblüter*. Sie fallen nicht nur Menschen an, sondern auch Hunde,
Katzen, Meerschweinchen, Igel und andere Tiere. Das Holf nähert sich
seinen Opfern oft im Schlaf. Meistens beißt es sofort.
Wenn man das Holf erlegt hat, muss man es einfach nur umdrehen.
Dann sieht man, dass es, aus der Nähe betrachtet, ziemlich ungefährlich ist.

Ursel Scheffler   *z.B. Menschen und Säugetiere

1 Wie wird das Holf beschrieben?
Markiere wichtige Wörter im Text.

 2 Lies die markierten Wörter.
Zeichne das Holf in den Rahmen.

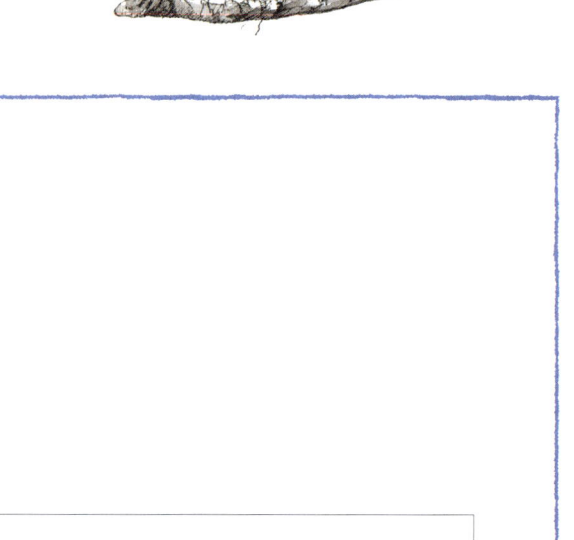

Name: _____

 3 Gib dem Holf einen passenden Namen.

 4 Vergleiche deine Zeichnung mit einem Partnerkind. Sprecht darüber.

Sommer im Möwenweg

Hörbuch

Petja hat gesagt, es wird Zeit, dass wir uns eine Hütte bauen.
Sonst haben wir nachher in der Nacht kein Dach über dem
Kopf. Darum haben wir Zweige von den Büschen gerissen
(das soll man ja sonst nicht, weil Büsche auch ein Leben
haben, aber jetzt war leider ein Notfall), und dann haben wir
sie zwischen die Zweige von drei anderen Büschen gesteckt,
die schön dicht zusammenstanden. Eine ganz richtige Hütte war es vielleicht
nicht, aber Petja hat gesagt, für die erste Nacht ist die Buschhütte wohl
gut genug. Da hab ich* mir vorgestellt, wie es dunkel wird und wir alle
zusammen in der Hütte sitzen, und das war so ein glückliches Gefühl.
Ich finde eine Hütte zum Schlafen eigentlich sogar noch schöner als unser
Haus. Tieneke und ich haben den
Boden mit einem Zweig gefegt, und
die beiden Kleinen (das waren Fritzi
und Laurin) haben wir losgeschickt,
damit sie Gras rupfen sollten.
Das haben wir dann auf den
gefegten Boden gelegt. Tieneke
hat gesagt, sie möchte nachts
nämlich gerne weich schlafen.

Kirsten Boie   *Tara

1 Die Kinder bauen sich eine Hütte. Wie wird die Hütte
innen und außen beschrieben? Markiere die Stellen im Text.

2 Warum heißt die Hütte **Buschhütte**? Erkläre.

3 Lies die markierten Stellen. Zeichne die Hütte in den Rahmen.

Auf Wanderfahrt

Tim bekommt ein wunderbares Geschenk zum Geburtstag:
In den Sommerferien darf er mit seinem Vater vier Wochen lang
mit der Bahn und auf Wanderungen das Land erkunden.

Tim und sein Vater fuhren bis zu einer kleinen **Bahnstation**.
In der Ferne sah man schon die hohen Berge. Tim war noch nie
richtig auf dem Land gewesen. Auch die Großmutter wohnte in einer
großen Stadt und alle Onkel und Tanten wohnten in großen Städten.

Tim rief: „Was für ein kleines Bahnhöfchen! Und so schöne Apfelbäume,
und eine Wiese, ein Bach, ein richtiger Wiesenbach!" Er rannte vor
dem Vater her. Der Rucksack hüpfte auf seinem Rücken, die Sonne
schien und ein lustiger Wind wehte.

Sie blieben nicht lange auf der **Landstraße**. Bald bog der Vater
in einen **Feldweg** ein, der führte durch **Wiesen und Äcker**.
Tim blieb immer wieder stehen. „Wie heißt diese Blume?", fragte er.
„Was für ein Tier krabbelt dort?"

Aber es wurde immer heißer, und der Weg
wurde immer steiler, und es war, als würde
der Rucksack immer schwerer. Tim fragte
nichts mehr. Endlich kamen sie in den **Wald**.
Tim fand Himbeeren und kleine
Walderdbeeren, aber der Vater sagte:
„Komm weiter, es ist noch zu früh
zum Ausruhen." „Klar", sagte Tim.
Aber er war schon müde.

Ursula Wölfel

  **1** Lies den Text. Ergänze den Lageplan. Nutze die fett gedruckten Wörter.

  **2** Welchen Weg gehen Tim und sein Vater? Zeichne den roten Pfeil weiter.

 3 Vergleiche deine Zeichnung mit einem Partnerkind. Sprecht darüber.

Auf dem Felsen von Helgoland

*Der zehnjährige Boy verbringt die Sommerferien oft
bei seinem Urgroßvater auf der kleinen Insel Helgoland.*

Mein Urgroßvater war ein weiser* Mann. Als er fünfundsechzig Jahre
alt war, zog er das Boot und die Fangkörbe, mit denen er sein Leben lang
Hummer gefangen hatte, an Land und fing zu drechseln** an.
Er wohnte auf dem Oberland der Insel Helgoland bei seiner Tochter,
die meine Großmutter war und die ich, weil sie oben auf dem Felsen
Helgolands wohnte, die Obergroßmutter nannte.
Meine andere Großmutter,
die auf dem Unterland am Fuße
des Felsens wohnte, nannte ich
Untergroßmutter, aber die
kommt erst später dran.
Jetzt will ich von meiner
Obergroßmutter reden, bei
der mein Urgroßvater wohnte.
Sie hatten ein Haus in der
Trafalgarstraße auf dem Oberland. Aber mein Urgroßvater
verbrachte fast alle Tage vom
frühen Morgen bis zum späten
Abend in der Hummerbude,
die dem Wohnhaus gegenüber
auf der anderen Straßenseite
stand. Hier besuchte ich ihn,
so oft ich konnte.

James Krüss

*kluger
**mit Holz arbeiten

 1 Lies den Text genau. Wie stellst du dir alles auf Helgoland vor?
Zeichne in den Insel-Umriss das Unterland, die Wohnhäuser
der beiden Großmütter und die Hummerbude in der Trafalgarstraße.

 2 Vergleiche deine Zeichnung mit einem Partnerkind. Sprecht darüber.

Lese*freunde* 3

Arbeitsheft

Erarbeitet von:
Marion Gutzmann, Irene Hoppe, Alexandra Ritter, Michael Ritter

Unter Einbeziehung der Ausgabe von:
Kerstin Granz, Marion Gutzmann, Irene Hoppe

Unter Beratung von:
Carmen Blätter (Schöneiche), Dagmar Diewald (Rositz), Melanie Föhrigen (Dessau), Jenny Glase (Berlin), Heike Redel (Berlin), Kerstin Wehlend (Biederitz) und dem Team der Martin-Andersen-Nexö-Grundschule (Greifswald)

Redaktion: Nathalie Contrael, Mirjam Löwen

Illustrationen: Christa Unzner, Katharina Knebel, Uta Bettzieche (Hund + Detektiv), Liliane Oser (Piktogramme), Originalillustrationen

Umschlaggestaltung: tritopp, Berlin; Christa Unzner (Illustration)

Layout und technische Umsetzung: tritopp, Berlin

www.cornelsen.de

Die Webseiten Dritter, deren Internetadressen in diesem Lehrwerk angegeben sind, wurden vor Drucklegung sorgfältig geprüft. Der Verlag übernimmt keine Gewähr für die Aktualität und den Inhalt dieser Seiten oder solcher, die mit ihnen verlinkt sind.

1. Auflage, 5. Druck 2025

Alle Drucke dieser Auflage sind inhaltlich unverändert und können im Unterricht nebeneinander verwendet werden.

Druck: Drukarnia Dimograf Sp. z o.o., Bielsko-BiaĐa

ISBN 978-3-06-083670-3

PEFC-zertifiziert
Dieses Produkt stammt aus nachhaltig bewirtschafteten Wäldern und kontrollierten Quellen
PEFC/32-31-076   www.pefc.pl

Quellen

Textquellen

S. 5
Blacker, Terence: Zauberhafte Miss Wiss (gek.). Aus: Terence Blacker (Text)/Tony Ross (Ill.)/Anu Stohner (Übers.): Zauberhafte Miss Wiss. Weinheim, Basel: Beltz & Gelberg in der Verlagsgruppe Beltz 2000, 2006. Original erschien 1996 bei Macmillan Children's Books, London
S. 3
Blume, Bruno: Martin begegnet einem Außerirdischen (gek.). Aus: Bruno Blume (Text)/Jacky Gleich (Ill.): Gufidaun, Martin und der Außerirdische. Berlin: Tulipan Verlag 2007
S. 22
Boie, Kirsten: Lena hat nur Fußball im Kopf (gek.). Aus: Kirsten Boie (Text)/Silke Brix (Ill.): Lena hat nur Fußball im Kopf. Hamburg: Verlag Friedrich Oetinger 1997, 2010
S. 44/45
Boie, Kirsten: King-Kong (gek.). Aus: Kirsten Boie: King-Kong, das Liebesschwein. Hamburg: Friedrich Oetinger Verlag 1993, 1996
S. 51
Boie, Kirsten: Sommer im Möwenweg (gek.). Aus: Kirsten Boie (Text)/Katrin Engelking (Ill.): Sommer im Möwenweg. Hamburg: Verlag Friedrich Oetinger 2002, S. 57-59
S. 30
Bydlinski, Georg: Die Eiszapfen (gek.). Aus: Georg Bydlinski: Wasserhahn und Wasserhenne. Wien: Dachs-Verlag 2002
S. 13
Colfer, Eoin: Ein Zuhörer für Tims Probleme (gek.). Aus: Eoin Colfer (Text)/Tony Ross (Ill.)/Brigitte Jakobeit (Übers.): Tim und der schrecklichste Bruder der Welt. Weinheim, Basel: Beltz & Gelberg in der Verlagsgruppe Beltz. 2007, S. 7-15. Original London: Puffin in the Penguin Group, Penguin Books Ltd. 2007
S. 26
Der Frauenzug. Sage aus Berlin-Brandenburg
S. 16
Die drei Wünsche. Aus: Jahrbuch für Geschichte, Sprache und Literatur Elsass-Lothringen, Straßburg, Jg. I/1885-34/1918 (bearbeitet)
S. 29
Ein wichtiger Mann beim Fußball (bearb.). Sachtext nach Ursi Zeilinger.
Die Autorinnen nutzten damals diese Internet-Quelle:
http://www.kindernetz.de/infonetz/thema/fussball/-/id=24296/dabd81/index.html
S. 9
Flesser, Bernd: Die Wasserpest. Das juckende Bein. Aus: Bernd Flesser: Käpt'n Blaubär – Flunkerquiz (Spielblock). Ravensburg: Ravensburger Spielverlag 2001
S. 17
Fühmann, Franz: Am Schneesee (gek.). Aus: Franz Fühmann: Die dampfenden Hälse der Pferde im Turm von Babel. Rostock: Hinstorff Verlag GmbH 2005
S. 19
Guggenmos, Josef: Raureif. Aus: Josef Guggenmos: Ich will dir was verraten. Weinheim, Basel: Beltz Verlag 1992
S. 30
Guggenmos, Josef: Die Amsel im Fliederbusch. Aus: Josef Guggenmos: Was denkt die Maus am Donnerstag? Weinheim: Verlag Beltz & Gelberg 1998
S. 47
Härtling, Peter: Das ist der Hirbel (gek.). Aus: Peter Härtling: Das war der Hirbel. Weinheim, Basel: Beltz & Gelberg 1973, 1996. S. 7
S. 7
Hoffmann, Heinrich: Der fliegende Robert. Aus: Heinrich Hoffmann (Text/Ill.): Die Geschichte vom fliegenden Robert. In: Der Struwwelpeter. Esslinger Verlag J. F. Schreiber, Esslingen 2010
S. 48
Hula, Saskia: Der Lesemuffel (gek.). Aus: Saskia Hula (Text)/Ute Krause (Ill.): Der Lesemuffel. Düsseldorf: Sauerländer im Patmos Verlag 2007, 2008
S. 18
Kaléko, Mascha: Der Winter. Aus: Mascha Kaléko: Die paar leuchtenden Jahre. © 2003 dtv Verlagsgesellschaft, München
S. 53
Krüss, James: Auf dem Felsen von Helgoland (gek.). Aus: James Krüss (Text)/Jochen Bartsch (Ill.): Mein Urgroßvater, die Helden und ich. Hamburg: Verlag Friedrich Oetinger 1959, 2009
S. 10
Kuijer, Guus: Sonnenschein (gek.). Aus: Guus Kuijer (Text)/Imke Sönnichsen (Ill.)/Hans Georg Lenzen (Übers.): Erzähl mir von Oma. Hamburg: Verlag Friedrich Oetinger, 2002, 2013, S. 79/80. Deutsche Erstausgabe 1981. Original: Amsterdam: Em. Querido's Uitgeverij B.V. 1978
S. 32
Lindgren, Astrid: Brüder sind anstrengend (gek.). Aus: Astrid Lindgren (Text)/Katrin Engelking (Ill.)/Else von Hollander-Lossow: Wir Kinder aus Bullerbü. Hamburg: Verlag Friedrich Oetinger 1988, 2014. S. 10/11. Original: Rabén & Sjögren Bokförlag 1947
S. 33
Lindgren, Astrid: Mein allerschönster Geburtstag. Wir schlafen auf dem Heuboden (gek.). Aus: Astrid Lindgren (Text)/Katrin Engelking (Ill.)/Else von Hollander-Lossow: Wir Kinder aus Bullerbü. Hamburg: Verlag Friedrich Oetinger 1988, 2014. S. 10/11. Original: Rabén & Sjögren Bokförlag 1947
S. 18
Maar, Paul: Wintermorgen. Aus: Paul Maar (Text)/Ute Krause (Ill.): JAguar und NEINguar. Hamburg: Verlag Friedrich Oetinger 2007
S. 46
Maar, Paul: Herr Taschenbier trifft das Sams. Aus: Paul Maar (Text/Ill.): Eine Woche voller Samstage. Hamburg: Verlag Friedrich Oetinger 1973
S. 25
Mierswa, Annette: Lolas Lieblingsplatz. Aus: Annette Mierswa (Text)/Stefanie Harjes (Ill.): Lola auf der Erbse. Berlin: Tulipan Verlag 2008

S. 23
Opel-Götz, Susann: Wenn wir zwei Coole sind (gek.). Aus: Susann Opel-Götz (Text/Ill.): Ab heute sind wir cool. Hamburg: Verlag Friedrich Oetinger 2007
S. 8
Pocci, Franz von: Der Wind. Aus: Ute Bogner (Hg.): Die schönsten Kinderreime. München, Zürich: Delphin Verlag 1983, S. 304
S. 24
Reding, Josef: Faulenzen. Aus: Josef Reding: Gutenagtexte. Balve/Sauerland: Engelbert-Verlag 1975, S. 33
S. 21
Robinson, Barbara: Die Herdmanns und die Weihnachtsgeschichte (gek.). Aus: Barbara Robinson (Text)/Wilhelm Schlote (Ill.)/Nele und Paul Maar (Übers.): Hilfe, die Herdmanns kommen. Hamburg: Verlag Friedrich Oetinger 1974, 2014
S. 12
Rosenboom, Hilke: Olli wird großer Bruder (gek.). Aus: Hilke Rosenboom (Text)/Ute Krause (Ill.): Olli wird großer Bruder. Köln: Boje Verlag 2010. S. 5/6
S. 34
Rund um das Wasser – Wofür die Menschen Wasser brauchen (bearb.). Aus: BDEW-Wasserstatistik (Bundesverband der Energie- und Wasserwirtschaft e.V.), vom 30.07.2015. In: https://bdew.de/internet.nsf/id/DE_Trinkwasserverwendung-im-Haushalt
S. 50
Scheffler, Ursel: Ein hüpfender Holf (gek.). Aus: Ursel Scheffler (Text)/Heinz Ortner (Ill.): Seelöwen-Ungeheuergeschichten. Bindlach: Loewes Verlag 1995
S. 2
Sibusio aus Südafrika (bearb.). Nach: Unicef (Hg.): Meine Schule. Kinder aus aller Welt erzählen. © Dorling Kindersley Limited, London 2007, Ein Unternehmen der Penguin-Gruppe. © der deutschsprachigen Ausgabe by Dorling Kindersley Verlag GmbH, München 2008
S. 11
Steinkellner, Elisabeth: Die neue Omi (gek.). Aus: Elisabeth Steinkellner (Text)/Michael Roher (Ill.): Die neue Omi. Wien: Verlag Jungbrunnen 2011
S. 5
Till, Jochen: Raubritter Rocko und die rostige Rüstung. Aus: Jochen Till (Text)/Zapf (Ill.): Raubritter Rocko und die rostige Rüstung. Berlin: Tulipan 2012
S. 43
Timm, Uwe: Schwein gehabt (gek.). Uwe Timm: Rennschwein Rudi Rüssel. München: Deutscher Taschenbuch Verlag 1993, S. 6–8. Original: Zürich/Frauenfeld: Verlag Nagel & Kimche 1989
S. 20
Vinci, Leonardo da: Der Esel und das Eis. Leonardo da Vinci: Der Esel auf dem Eis. Hrsg. von Bruno Nardini, übersetzt von Rudolf Hagelstange. Reclam Verlag, Leipzig 1988
S. 27
Wie Köpenick zu seinem Namen kam. Sage aus Berlin-Brandenburg
S. 52
Wölfel, Ursula: Auf Wanderfahrt (gek.). Aus: Ursula Wölfel (Text)/Rolf Rettich (Ill.): Feuerschuh und Windsandale. Stuttgart, Wien: Hoch-Verlag 1983
S. 36
www.nationalpark-heinich.de
S. 36
Zartl, Elisabeth: Frühlingserwachen. Aus: Elisabeth Zartl: Blütenwunder. München: Don Bosco Medien, 2009

Bildquellen
S. 3 aus: Bruno Blume: Gufidaun, Martin und der Außerirdische © 2007 Tulipan Verlag GmbH München; **S. 5** Terence Blacker (Text)/Tony Ross (Ill.): Zauberhafte Miss Wiss. Weinheim: Beltz und Gelberg 2006/Jochen Till: Raubritter Rocko und die rostige Rüstung © 2012 Tulipan Verlag GmbH München; **S. 6** Fotolia/(copyright) bmf-foto.de (Apfel links), Fotolia/(copyright) sp4764 (Apfel Mitte), Fotolia/(copyright) sp4764 #86988903 (Apfel rechts); **S. 7** Interfoto/Bildarchiv Hansmann (fliegender Robert); **S. 9** © WDR mediagroup GmbH; **S. 12** Hilke Rosenboom: Olli wird großer Bruder 2010 by Bastei Lübbe GmbH & Co.KG, Köln; **S. 18** mauritius images/Westend61 (Winter Landshut); **S. 29** pixathlon, Hamburg, akg-images/Archie Miles; **S. 32** Astrid Lindgren (Text)/Katrin Engelking (Ill.), Deutsch von Else von Hollander-Lossow: Wir Kinder aus Bullerbü. Verlag Friedrich Oetinger. Hamburg 2014. © deutschsprachige Ausg. 1988, Originalausgabe © 1947 (Text); **S. 32/33** Astrid Lindgren (Text)/Katrin Engelking (Ill.), Deutsch von Else von Hollander-Lossow: Wir Kinder aus Bullerbü. Verlag Friedrich Oetinger. Hamburg 2014. © deutschsprachige Ausg. 1988, Originalausgabe © 1947; **S. 35** Fotolia/(copyright) Barbara Pheby (Kastanien links oben), Fotolia/(copyright) Carola Schubbel (Edelkastanien links unten), Fotolia/(copyright) womue #53686722 (Kastanien rechts oben), Fotolia/(copyright) bumann #82857075 (Bläuten Rosskastanie rechts unten); **S. 36** Fotolia/(copyright) Martina Berg #34824932 (Wanderparkplatz); **S. 37** Fotolia/(copyright) Jeff McGraw (Flamingos), Fotolia/(copyright) Eileen Kumpf (Grashüpfer); **S. 38** mauritius images/Michael Runkel (Wellen oben), Fotolia/(copyright) Andrea Danti (Plattentektonik), mauritius images/United Archives (Wellen unten); **S. 39** www.oekoleo.de, Hessisches Ministerium für Umwelt, Klimaschutz, Landwirtschaft und Verbraucherschutz; **S. 40** Screenshot: http://www.amira-lesen.de (letzter Zugriff: 11.9.2015); **S. 41** GEOmini Nr. 01/2015 – Stark und verspielt: Tiger; GEOmini Nr. 02/2015 – Steinböckchen im Glück; GEOmini Nr. 02/2015 – Flinkes Spitzohr. G+J Verlagsgruppe; **S. 42** Fotolia/(copyright) Österland #32454841 (2 Meerschweinchen oben), Colourbox.com (1 Meerschweinchen unten); **S. 51** Kirsten Boie: Sommer im Möwenweg. Hörbuch: Jumbo; **S. 53** James Krüss (Text)/Jochen Bartsch (Ill.): Mein Urgroßvater und ich. Lizenzausgabe der Süddeutschen Zeitung GmbH München für die Süddeutsche Zeitung Junge Bibliothek 2005. © Verlag Friedrich Oetinger. Hamburg 1959

Selbstkontrolle: Alles richtig?

Seite 2

2 Entfernung

Seite 3

1 Ein Puck ist eine flache Kunststoffscheibe.

2 Bin ich dick?

3 erstaunt blicken

Seite 6

1 Paradiesapfel: Abschnitt 3
Baum: Abschnitt 1
längste Apfelschale: Abschnitt 2

2 Paradiesapfel: Tomate
(Abbildung in der Mitte)
Baum: Japanische Eberesche
längste Apfelschale: 55 Meter

Seite 7

1 Abschnitt 2

3 weiß niemand

Seite 10

2 „Hauptsache, man kann drüber lachen."

Seite 12

1 stimmt

2 In Zeile 8/9 steht, dass sich Ollis Papa
auf den Finger gehauen hat.

3 Olli will Papas Schmerz wegstreicheln.
Olli legt die Hand auf Papas Nacken.

Seite 13

1 stimmt nicht (Zeile 1), stimmt (Zeile 5),
stimmt (Zeile 2/3), stimmt nicht
(Zeile 14/15)

2 Sonnabend

3 Zeile 11 bis Zeile 15

Seite 14

2 SPIEGEL

Seite 18

1 Gedicht 1

2 Es geht um den Winter.

3 Gedicht 1 beschreibt den Winter
mit seinen Besonderheiten.
Gedicht 2 beschreibt den Winter
an einem kalten Morgen.

Seite 19

1 Raureif

2 Text 1 ist ein Gedicht.
Text 2 ist ein Sachtext.

3 Man findet Raureif an Grashalmen,
Zweigen und Zäunen.

Seite 20

1 Es geht um Gefahren auf dem Eis
und um Faulheit.

2 trifft nicht zu, trifft nicht zu, trifft zu

3 Der Text ist eine Geschichte.

Seite 21

2 Falsche Sätze: Der Text erzählt
von einem Thema. Der Text erzählt
in Versen von einem Thema.
Richtig: Der Text ist eine Geschichte.

Seite 23

1 Coole reden ganz anders

Seite 26

1 Die Sage könnte an einem Fluss spielen
(mittlere Abbildung).

2 In der Sage geht es um Frauen,
die andere vor der Hungersnot retten.

Seite 28

1 Die richtige Reihenfolge der Zeilen ist
bei Leon 1-2-4-3-5-6-7-8, bei Marlon
1-3-2-4-5-6-7-8, bei Deniz 1-2-3-5-4-6-7
und bei Vanessa 1-2-3-4-6-5-7-8.

2 Fußballshirt: Marlon, Pfannkuchen: Leon,
Apfelsaftschorle: Vanessa, Brille: Deniz

Seite 29

1 Der erste Schiedsrichter: C,
Ohne ihn geht nichts: A, Gelb und Rot: B

2 stimmt, stimmt, stimmt nicht

3 Zeile 10

Seite 31

1 Blinde Frühlingskuh, Frühlingswörter-
Ratespiel, Opa Otto sitzt auf der
Frühlingswiese – Schreibspiel

Seite 34

1 1: Schaubild, 2: Bastelanleitung, 3: Rezept

2 Bastelanleitung: Erklärung in der Mitte,
Rezept: Erklärung unten,
Schaubild: Erklärung oben

Seite 35

2 falsche Sätze:
Ein Steckbrief will zum Kauf
von Produkten veranlassen.
Ein Steckbrief ist eine grafische
Darstellung von Informationen.

Seite 36

1 stimmt nicht (Kindergarten bis 3. Klasse),
stimmt, stimmt, stimmt, stimmt nicht,
stimmt nicht

Seite 37

2 einen Suchbegriff ins Suchfeld eingeben;
im Lexikon nach „Hund" suchen

Seite 38

1 Angebot 2

2 Angebot 1, 2 und 3

Seite 39

1 Bild 1/Text 3, Bild 2/Text 1,
Bild 3/Text 4, Bild 4/Text 2

Liebe Lehrerinnen und Lehrer,

die bundesweiten Vergleichsarbeiten (VERA) zur Lernstandserhebung sind in der Grundschule mittlerweile zu einem festen Bestandteil geworden. Sie werden jährlich gegen Ende der dritten Klasse durchgeführt und sollen das Erreichen der Bildungsstandards überprüfen sowie Hinweise zur Verbesserung der Lernleistungen und für die Weiterentwicklung des Unterrichts geben. Dazu gehört auch die Verbesserung der Diagnosegenauigkeit.

Sich über einen längeren Zeitraum auf Aufgaben zu konzentrieren, ist für viele Schülerinnen und Schüler ungewohnt und anstrengend. Das gilt auch für die Erfahrung, unter Zeitdruck zahlreiche, zum Teil noch unbekannte Aufgabenformate ohne Hilfsmittel bearbeiten zu müssen.

Mit den vorliegenden Lernstandserhebungen möchten wir Ihre Schülerinnen und Schüler und Sie selbst unterstützen:

- Den Schülerinnen und Schülern sollen die Lernstandserhebungen helfen, sich mit sorgfältig ausgewählten Aufgaben, wie sie auch in den Vergleichsarbeiten verwendet werden, **auf die ungewohnte Testsituation vorzubereiten**. Möglicherweise vorhandene Ängste können so abgebaut und es kann Sicherheit gegenüber der zukünftigen Testsituation gewonnen werden.

- Bei Ihrer **täglichen förderdiagnostischen Arbeit** sollen die Lernstandserhebungen Sie unterstützen und dabei helfen, aktuelle Lernstände und vorhandene Kompetenzen Ihrer Schülerinnen und Schüler in den verschiedenen inhaltlichen Bereichen einzuschätzen und den individuellen förderdiagnostischen Bedarf zu ermitteln.

Die Aufgaben sind an den KMK Bildungsstandards sowie den Lehr- und Bildungsplänen der Bundesländer orientiert und fokussieren die dort beschriebenen Lernziele und zu erreichenden Kompetenzen.

Im **Auswertungsbogen** werden neben den **Aufgabenlösungen** das jeweilige **Niveau** der Aufgabe sowie die jeweils fokussierten **Fähigkeiten, Fertigkeiten und Kenntnisse** beschrieben, die zur Aufgabenbewältigung im Wesentlichen benötigt werden.

In Anlehnung an die drei in den KMK Bildungsstandards angeführten Anforderungsbereiche „Wiedergeben", „Zusammenhänge herstellen" sowie „Reflektieren und beurteilen" (vgl. Bildungsstandards im Fach Deutsch für den Primarbereich, Beschluss vom 15. 10. 2004, S. 17) und die VERA-Fähigkeitsniveaus 1–3 (vgl. VERA, Hinweise zur Weiterarbeit, Erläuterungen zu den Deutschaufgaben 2009, S. 2) sind den Aufgaben der vorliegenden Lernstandserhebungen drei Niveaustufen zugeordnet, die entsprechend *grundlegende, erweiterte* und *fortgeschrittene* Fähigkeiten erfordern.

Niveau 1: „Wiedergeben" → erfordert grundlegende Fähigkeiten

Das Lösen der Aufgabe erfordert die Wiedergabe bekannter Informationen und die Anwendung grundlegender Verfahren und Routinen.

Niveau 2: „Zusammenhänge herstellen" → erfordert erweiterte Fähigkeiten

Das Lösen der Aufgabe erfordert das Erkennen von Zusammenhängen, das Verknüpfen von Informationen sowie das Anwenden erworbenen Wissens und bekannter Methoden.

Niveau 3: „Verallgemeinern, reflektieren und beurteilen" → erfordert fortgeschrittene Fähigkeiten

Das Lösen der Aufgabe erfordert den Umgang auch mit neuen Sachverhalten und das Entwickeln eigenständiger Beurteilungs- und Lösungsansätze.

Der Auswertungsbogen der Lernstandserhebungen bietet darüber hinaus Platz für Ihre **Beobachtungen und Notizen** zur Einschätzung des jeweiligen Lernstandes des Kindes im Rahmen Ihrer förderdiagnostischen Arbeit.

Den Schülerinnen und Schülern ermöglicht ein einfaches Smiley-System auf den Testseiten die **Selbsteinschätzung** und schafft so eine Basis zur Reflexion des eigenen Lernstandes. Gemeinsam mit dem Kind können anschließend die Ergebnisse aus der Selbsteinschätzung und Ihre Einschätzungen aus dem Auswertungsbogen in einem förderdiagnostischen Gespräch zu einem Gesamtbild zusammengefügt und Lernziele sowie nächste Lernschritte vereinbart werden. Dabei kann es im Sinne einer dialogisch orientierten Förderdiagnostik sehr aufschlussreich sein, nach Lösungswegen und Erklärungen bei falsch gelösten Aufgaben zu fragen, um Einblicke in die Denkwege Ihrer Schülerinnen und Schüler bei der Lösung einer Aufgabe zu bekommen.

Die Lernstandsseiten erheben nicht den Anspruch, eine kontinuierliche Beobachtung und Dokumentation des Lernverlaufs sowie förderdiagnostische Maßnahmen zu ersetzen. Sie können aber einen wichtigen Beitrag zu Ihrer alltäglichen förderdiagnostischen Arbeit leisten.

Ihr Cornelsen Verlag

Erarbeitet von:	Rüdiger-Philipp Rackwitz
Redaktion:	Birgit Waberski
Illustrationen:	Gabriele Heinisch
Layout und technische Umsetzung:	Birgit Riemelt, Panketal

Liebe Schülerin, lieber Schüler,

mit diesen Aufgaben kannst du herausfinden, was du schon gut kannst und was du noch üben solltest.

Bearbeite die Aufgabenblätter so:

1. Schreibe deinen Namen und das Datum oben auf jedes Blatt.
2. Lies dir die Aufgabe in Ruhe durch.
3. Bearbeite die Aufgabe.
4. Wenn du bei einer Aufgabe nicht weiterkommst,
   mache bei der nächsten weiter und versuche es später noch einmal.
   Du kannst auch jemanden um Hilfe fragen.
5. Wenn du eine Aufgabe bearbeitet hast, kreuze an,
   wie leicht oder wie schwierig du sie findest:

   Diese Aufgabe
   ☺ kann ich gut lösen
   ☺ kann ich nur zum Teil lösen
   ☹ kann ich gar nicht lösen

Es gibt verschiedene Aufgabenarten:

Bei manchen Aufgaben sollst du die richtige Antwort ankreuzen.
Beispiel: Was hängt in der Schule? Kreuze an.

☐ Waffel   ☒ Tafel   ☐ Tante

Meistens ist nur eine Antwort richtig. Wenn mehrere Antworten richtig sind, steht in der Aufgabe „Kreuze **alle** richtigen Antworten an."

Bei manchen Aufgaben sollst du etwas in einem Text **unterstreichen** oder ein falsches Wort **durchstreichen**.

Beispiele: Wort   ~~Wort~~

Bei manchen Aufgaben sollst du die Antwort **aufschreiben**.
Bei Aufgaben mit einer kurzen Schreiblinie reicht es, ein oder zwei Wörter aufzuschreiben. Bei längeren Linien solltest du einen oder mehrere Sätze schreiben.

Viel Spaß und viel Erfolg!

Malte ist ganz aufgeregt, denn morgen ist Weihnachten. Auf seinem
Wunschzettel steht nur ein einziger Wunsch: Skier. Aber was, wenn er
keine Skier bekommt? Ob seine Eltern seinen Wunschzettel überhaupt
richtig gelesen haben?

5 In der Küche backen Mama, Papa und seine kleine Schwester gerade Kekse.
„Mach doch mit!", ruft Christin. Die ganzen letzten Tage hat sie schon
gedrängelt: „Wir müssen Kekse backen, sonst ist Weihnachten nicht richtig!"

Aber Malte ist viel zu kribbelig. Er kann immer nur an eines denken:
„Mama, du weißt, dass ich mir Skier zu Weihnachten wünsche?"
10 Seine Mutter stöhnt: „Wie sollte mir das nur entgangen sein?"
„Könnt ihr mir nicht einen winzigen Tipp geben, ob ich morgen Skier
bekomme?", bohrt Malte weiter. Doch Papa grinst nur und meint:
„Da musst du schon bis morgen warten."

Malte stapft zurück in sein Zimmer. „Ich könnte ja einfach ein bisschen
15 durch das Haus laufen und mich etwas umschauen", überlegt er.
„Das ist ja nicht das Gleiche, wie nach Geschenken zu suchen."
Denn richtig suchen will Malte auch nicht. Das ist Betrug, findet er.

Malte läuft von seinem Zimmer im oberen Stockwerk vorbei am Bad,
schaut ins Gästezimmer, guckt in die Besenkammer neben der Treppe
20 und geht dann hinunter. Er schlendert durch den Flur ins Wohnzimmer
und weiter in Papas Büro, wo er mal hinter das Bücherregal sieht.
Im Schlafzimmer kontrolliert Malte die Lücke zwischen Kleiderschrank
und Wand und findet schließlich unter dem Bett sein Rennauto, das er
schon seit Wochen vermisst.

25 Malte ist durch fast alle Zimmer getrödelt und hat nichts entdeckt.
„Ob ich wirklich keine Skier bekomme?", überlegt er enttäuscht.

Betrübt starrt er aus dem Fenster und bemerkt erst jetzt die dicken,
weißen Flocken. Endlich Schnee! „Es schneit! Es schneit!", ruft Malte
und stürmt nach oben ins Gästezimmer zu dem alten Kleiderschrank,
30 in dem sein Schneeanzug hängt. Er reißt die Schranktür auf und will
gerade nach dem Schneeanzug greifen, als er auf dem Schrankboden
etwas Langes sieht. Etwas Langes, das in Geschenkpapier eingewickelt ist.
„Meine Skier!", flüstert Malte aufgeregt.

Da fällt Malte ein, dass Mama und Papa bestimmt enttäuscht sind,
35 wenn sie merken, dass er das Paket entdeckt hat. Denn dann ist es
keine richtige Überraschung mehr.

Vorsichtig schließt Malte die Schranktür und steigt leise die Treppe
hinunter. Unten zieht er seine warme Jacke an und geht in den Garten.
Christin ist auch schon draußen und wirft den ersten Schneeball.

nach Lena Lindenbauer

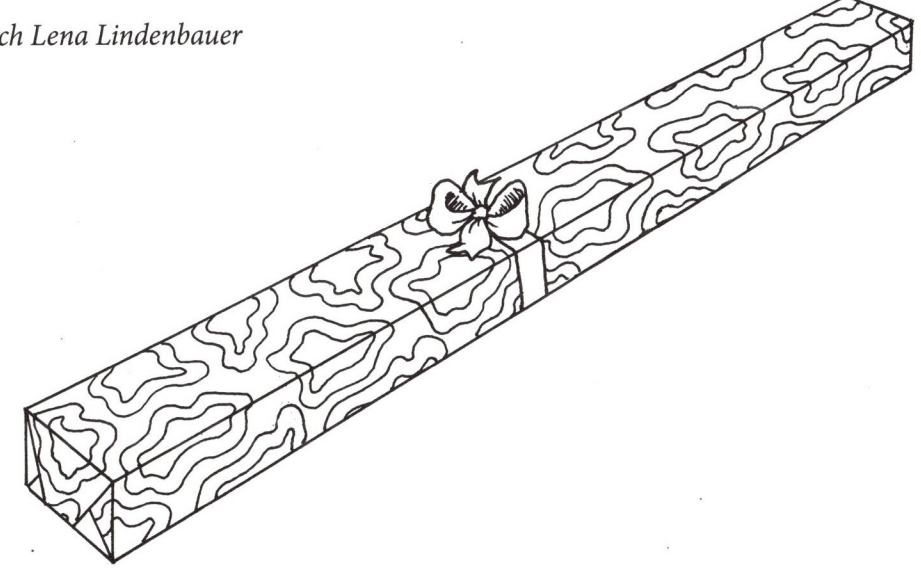

1 Wer, außer Malte, kommt noch in der Geschichte vor?
   Kreuze **alle** richtigen Antworten an.

☐ der Bruder von Malte   ☐ die Eltern von Malte

☐ die Schwester von Malte   ☐ die Oma von Malte

Name: Datum:

2 Was wünscht sich Malte zu Weihnachten?
Schreibe einen ganzen Satz auf.

3 Was findet Malte im Schlafzimmer seiner Eltern?

☐ ein Paket   ☐ Kekse

☐ Geschenkpapier   ☐ sein Rennauto

4 In welcher Reihenfolge geht Malte durch das Haus?
Nummeriere.

___ Wohnzimmer   ___ Treppenhaus

___ Schlafzimmer   ___ Büro

___ Besenkammer   ___ Flur

_1_ vorbei am Bad   ___ Gästezimmer

5 Für wen gehören Kekse unbedingt zum Weihnachtsfest?

☐ für Malte   ☐ für Christin

☐ für Mama   ☐ für Papa

6 Finde eine Überschrift und schreibe sie über die Geschichte.

Wie ist mein
Ergebnis?

7 Warum zieht Malte nicht seinen Schneeanzug an,
sondern nur seine warme Jacke?
Schreibe es auf und begründe deine Antwort.

8 Malte findet, nach Geschenken zu suchen ist Betrug.
Was meinst du: Hat Malte betrogen?
Kreuze an und begründe deine Antwort.

☐ Ja, Malte hat betrogen, weil …

☐ Nein, Malte hat nicht betrogen, weil …

Gut gemacht! Jetzt hast du alles geschafft!

☺ kann ich gut lösen   😐 kann ich nur zum Teil lösen   ☹ kann ich gar nicht lösen

Die Pyramiden von Gizeh

Die Pyramiden von Gizeh gehören zu den berühmtesten und ältesten
Bauwerken, die heute noch erhalten sind. Sie sind ungefähr 4500 Jahre alt und
stehen auf einem Plateau* in der Nähe der Städte Gizeh und Kairo in Ägypten.

Die Pyramiden wurden als Gräber für die Könige von Ägypten gebaut.
5 Einen König von Ägypten nannte man früher Pharao.

Wenn ein neuer Pharao den Thron bestieg, wurde damit begonnen,
eine Pyramide für ihn zu bauen, damit sie fertig war, bevor er starb.
Nach seinem Tod wurde der Pharao mit zahlreichen Schätzen in einer
Grabkammer in der Pyramide beerdigt. Danach wurden die Grabkammer
10 und der Eingang zu der Pyramide mit großen Steinen verschlossen.

Eine Pyramide besteht aus vielen großen und schweren Steinblöcken.
Bei der Pyramide für den Pharao Cheops wiegt jeder Steinblock
ungefähr 2500 Kilogramm.

---

* Ein Plateau ist eine ebene Fläche, die etwas höher liegt, als die Umgebung.
  Ein Plateau heißt auch Hochebene.

Um die Steinblöcke zu bewegen und eine Pyramide zu bauen, waren viele
15 Arbeiter nötig. Bis eine Pyramide fertig war, dauerte es manchmal 20 Jahre
oder noch länger.

Wie die Ägypter die Pyramiden gebaut haben und wie sie die riesigen
Steinblöcke bewegt haben, ist bis heute ein ungelöstes Rätsel. Denn die Ägypter
hatten noch keine Wagen, um die Steine zu transportieren, und sie besaßen nur
20 einfache Werkzeuge, um sie zu bearbeiten.

Heute sind die Pyramiden für Besucher geöffnet und werden jedes Jahr von
vielen Menschen besichtigt. Die Grabkammern sind allerdings leer, denn sie
wurden schon vor langer Zeit von Grabräubern ausgeraubt.

Die älteste Pyramide ist die Cheops Pyramide.
Sie wurde als Grab für den Pharao Cheops gebaut.
Sie war ungefähr 147 Meter hoch und jede Seite
war 230 Meter lang.

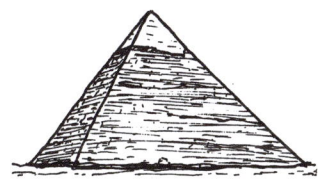

Die zweitälteste Pyramide ist die Chephren Pyramide.
Sie wurde als Grab für den Pharao Chephren gebaut.
Sie war ungefähr 144 Meter hoch und jede Seite
war 215 Meter lang.

Die jüngste Pyramide ist die Mykerinos Pyramide.
Sie wurde für den Pharao Mykerinos gebaut.
Sie war ungefähr 67 Meter hoch und jede Seite
war 100 Meter lang.

Wie ist mein Ergebnis?

☺ 😐 ☹ **1** Was ist Gizeh? Lies im Text nach und kreuze an.

☐ ein Land   ☐ eine Stadt   ☐ ein Pharao

☺ 😐 ☹ **2** Woraus wurden die Pyramiden gebaut?
Lies im Text nach und schreibe einen ganzen Satz auf.

_____

_____

_____

☺ 😐 ☹ **3** Wie viel wiegt ein Steinblock der Pyramide für den Pharao Cheops?
Unterstreiche im Text.

☺ 😐 ☹ **4** Kreuze **alle** richtigen Aussagen an.

☐ Die Pyramiden von Gizeh sind 500 Jahre alt.

☐ Ein König von Ägypten hieß Pharao.

☐ Die Steinblöcke wurden auf Wagen transportiert.

☐ Eine Pyramide war das Grab für einen Pharao.

☐ Eine Pyramide war der Palast von einem Pharao.

☐ Die Pyramiden sind heute für Besucher geöffnet.

☐ Die Grabkammern sind noch immer voll mit Schätzen.

☺ 😐 ☹ **5** Wo steht die Erklärung für das Wort „Plateau"? Unterstreiche.

 kann ich gut lösen   kann ich nur zum Teil lösen   kann ich gar nicht lösen

Wie ist mein
Ergebnis?

6 Welche Pyramide von Gizeh ist die höchste?
Lies im Text nach und kreuze an.

☺ ☺ ☹

☐ die Chephren Pyramide

☐ die Cheops Pyramide

☐ die Mykerinos Pyramide

7 Ergänze den Text.

☺ ☺ ☹

Die Pyramiden von Gizeh sind ungefähr [＿＿＿＿＿＿] Jahre alt.

Die älteste Pyramide ist die [＿＿＿＿＿＿＿＿＿] Pyramide.

Die [＿＿＿＿＿＿＿＿＿＿] Pyramide ist älter als

die [＿＿＿＿＿＿＿＿＿＿＿] Pyramide.

8 Nummeriere die Sätze in der richtigen Reihenfolge.

☺ ☺ ☹

＿＿ Der Bau der Pyramide begann.

＿＿ Der Pharao starb und wurde in der Pyramide beerdigt.

＿＿ Viele Menschen besuchen die Pyramiden.

＿＿ In die Grabkammer wurden Schätze gelegt.

＿＿ Ein neuer Pharao bestieg den Thron.

＿＿ Der Eingang der Pyramide wurde verschlossen.

＿＿ Die Grabkammern wurden ausgeraubt.

 kann ich gut lösen   kann ich nur zum Teil lösen   kann ich gar nicht lösen

Name: Datum:

9 Warum ist es bis heute ein Rätsel,
wie die Ägypter die Pyramiden gebaut haben?
Lies im Text nach und schreibe ganze Sätze auf.

10 Wie sind die Pyramiden von Gizeh?
Kreuze **alle** richtigen Eigenschaften an.

☐ winzig   ☐ groß   ☐ alt

☐ berühmt   ☐ lang   ☐ leer

☐ rund   ☐ rätselhaft   ☐ flach

11 Welche Fragen beantwortet der Text **nicht**?
Kreuze an.

☐ Wofür haben die Ägypter die Pyramiden gebaut?

☐ Wie wurden die Grabkammern ausgeraubt?

☐ Wie hoch ist die größte Pyramide von Gizeh?

☐ Wie viele Arbeiter haben eine Pyramide gebaut?

☐ Wie haben die Ägypter die Pyramiden gebaut?

Gut gemacht! Jetzt hast du alles geschafft!

Auswertungsbogen Lernstandserhebungen Deutsch Lesen, Klasse 3

Name: _____   Klasse: _____

Lernstandserhebung 1: *Erzähltext verstehen*

durchgeführt am _____

Aufgabe	Niveau	Fähigkeiten, Fertigkeiten und Kenntnisse	Lösungen	Beobachtungen und Notizen
1	1	• gezielt Informationen suchen und entnehmen	die Schwester von Malte die Eltern von Malte	
2	1, 2	• gezielt Informationen suchen und entnehmen • zentrale Aussagen eines Textes erfassen	Malte wünscht sich zu Weihnachten Skier.	
3	1	• gezielt Informationen suchen und entnehmen	sein Rennauto	
4	2	• gezielt Informationen suchen und entnehmen • Zusammenhänge erfassen	2 Gästezimmer 3 Besenkammer 4 Treppenhaus 5 Flur 6 Wohnzimmer 7 Büro 8 Schlafzimmer	

Niveaustufen: **1** = „Wiedergeben" → erfordert grundlegende Fähigkeiten   **2** = „Zusammenhänge herstellen" → erfordert erweiterte Fähigkeiten   **3** = „Verallgemeinern, reflektieren und beurteilen" → erfordert fortgeschrittene Fähigkeiten

Auswertungsbogen Lernstandserhebungen Deutsch · Lesen, Klasse 3

Name: _____   Klasse: _____

durchgeführt am _____

Lernstandserhebung 1: *Erzähltext verstehen*

Aufgabe	Niveau	Fähigkeiten, Fertigkeiten und Kenntnisse	Lösungen	Beobachtungen und Notizen
5	2	• gezielt Informationen suchen und entnehmen • Zusammenhänge erfassen	für Christin	
6	3	• Texte reflektieren und verallgemeinern		
7	3	• Text reflektieren • Zusammenhänge erschließen • eigene Meinung formulieren und begründen • zu einem Schreibanlass schreiben • verständlich, strukturiert, adressaten- und funktionsgerecht schreiben	*Die Eltern sollen nicht merken, dass Malte am Kleiderschrank war, in dem das Geschenk versteckt ist.*	
9	3	• Text reflektieren • Zusammenhänge erschließen • eigene Meinung formulieren und begründen • zu einem Schreibanlass Sätze oder einen kurzen Text schreiben • verständlich, strukturiert, adressaten- und funktionsgerecht schreiben		

Niveaustufen: **1** = „Wiedergeben" → erfordert grundlegende Fähigkeiten   **2** = „Zusammenhänge herstellen" → erfordert erweiterte Fähigkeiten   **3** = „Verallgemeinern, reflektieren und beurteilen" → erfordert fortgeschrittene Fähigkeiten

Auswertungsbogen Lernstandserhebungen Deutsch · Lesen, Klasse 3

Name: _____   Klasse: _____

Lernstandserhebung 2: *Sachtext verstehen*   durchgeführt am _____

Aufgabe	Niveau	Fähigkeiten, Fertigkeiten und Kenntnisse	Lösungen	Beobachtungen und Notizen
1	1	• gezielt Informationen suchen und entnehmen	eine Stadt	
2	1, 2	• gezielt Informationen suchen und entnehmen • Zusammenhänge erschließen	Eine Pyramide wurde aus vielen großen und schweren Steinblöcken gebaut.	
3	1	• gezielt Informationen suchen	(ungefähr) 2500 Kilogramm	
4	1, 2	• gezielt Informationen suchen und entnehmen • Zusammenhänge erfassen	Ein König von Ägypten hieß Pharao. Eine Pyramide war das Grab für einen Pharao. Die Pyramiden sind heute für Besucher geöffnet.	
5	1, 2	• gezielt Informationen suchen • Fußzeile beachten	*Fußzeile* Ein Plateau ist eine ebene Fläche, die etwas höher liegt, als die Umgebung. Ein Plateau heißt auch Hochebene.	
6	2, 3	• gezielt Informationen suchen, entnehmen, verknüpfen, bewerten • Zusammenhänge aus Text erschließen	die Cheops Pyramide	

Niveaustufen: **1** = „Wiedergeben" → erfordert grundlegende Fähigkeiten   **2** = „Zusammenhänge herstellen" → erfordert erweiterte Fähigkeiten   **3** = „Verallgemeinern, reflektieren und beurteilen" → erfordert fortgeschrittene Fähigkeiten

Auswertungsbogen Lernstandserhebungen Deutsch Lesen, Klasse 3

Name: _____ Klasse: _____

durchgeführt am _____

Lernstandserhebung 2: Sachtext verstehen

Aufgabe	Niveau	Fähigkeiten, Fertigkeiten und Kenntnisse	Lösungen	Beobachtungen und Notizen
7	2, 3	• gezielt Informationen suchen, entnehmen, verknüpfen, bewerten • Zusammenhänge aus Text erschließen	4500 Cheops Chephren Mykerinos	
8	2, 3	• gezielt Informationen suchen, entnehmen, verknüpfen, bewerten • Zusammenhänge aus Text erschließen	1 Ein neuer Pharao bestieg den Thron. 2 Der Bau der Pyramide begann. 3 Der Pharao starb und wurde in der Pyramide beerdigt. 4 In die Grabkammer wurden Schätze gelegt. 5 Der Eingang der Pyramide wurde verschlossen. 6 Die Grabkammern wurden ausgeraubt. 7 Viele Menschen besuchen die Pyramiden.	
9	2, 3	• gezielt Informationen suchen, entnehmen und verknüpfen • Zusammenhänge erschließen • verständlich, strukturiert, adressaten- und funktionsgerecht schreiben	*Die Ägypter hatten noch keine Wagen, um die Steine zu transportieren.* *Die Ägypter hatten nur einfache Werkzeuge, um die Steine zu bearbeiten*	
10	2, 3	• Informationen suchen, entnehmen, verknüpfen, bewerten • Text reflektieren	groß alt berühmt leer rätselhaft	
11	2, 3	• Informationen suchen, entnehmen, verknüpfen, bewerten • Zusammenhänge erschließen • Text reflektieren	Wie wurden die Grabkammern ausgeraubt? Wie viele Arbeiter haben eine Pyramide gebaut? Wie haben die Ägypter die Pyramiden gebaut?	

Niveaustufen: **1** = „Wiedergeben" → erfordert grundlegende Fähigkeiten **2** = „Zusammenhänge herstellen" → erfordert erweiterte Fähigkeiten **3** = „Verallgemeinern, reflektieren und beurteilen" → erfordert fortgeschrittene Fähigkeiten